오늘도 물 위를 걷다

세움북스는 기독교 가치관으로 교회와 성도를 건강하게 세우는 바른 책을 만들어 갑니다.

땅끝에서 온
이야기 ❷

오늘도 물 위를 걷다

초판 1쇄 인쇄 2024년 6월 15일
초판 1쇄 발행 2024년 6월 20일

지은이 | 김토성
펴낸이 | 강인구
펴낸곳 | 세움북스

등 록 | 제2014-000144호
주 소 | 서울시 종로구 대학로 19 한국기독교회관 1010호
전 화 | 02-3144-3500
이메일 | cdgn@daum.net

디자인 | 참디자인

ISBN 979-11-93996-05-8 (03230)

오늘도
물 위를
걷다

"삶과 죽음의 경계에 선 사람들을 위한 희망의 메시지"

김토성 지음

세움북스

개인적으로 가장 오래 기다렸던 책이 드디어 세상에 나오게 되었습니다. 김토성 선교사의 아프리카 남아공 사역 현장과 이곳 미국에서의 투병 현장을 옆에서 지켜본 사람으로서, 저자가 친히 써 내려가는 글을 읽는 내내 시시때때로 기적의 파노라마가 펼쳐졌던 현장을 다시금 떠올리며 하나님을 일하심을 더욱 분명하게 느꼈습니다.

교회에서 소그룹 인도자로서 맡겨진 성도들을 위해 기도하다가 자기의 콩팥을 기증하기까지 보여 준 그리스도의 사랑, 그리고 백혈병에 걸려 치열한 투병과 죽음을 넘나드는 과정 끝에 완치 판정을 받았던 눈물의 현장을 이 책을 통해 만나 볼 수 있습니다.

한 사람의 순종과 한 사람의 믿음으로 전 교회의 분위기가 바뀌고 사역의 무브먼트가 일어나는 것을 보면서, 하나님 나라의 일은 무작위의 다수보다 한 사람의 순종과 믿음으로 펼쳐진다는 사실을 김토성 선교사를 보며 알았습니다.

맞습니다. 한 사람이면 됩니다. 그리고 내가 그 사람이 되면 됩니다. 천만 관객을 동원한 영화를 보러 가는 기대감으로 『오늘도 물 위를 걷다』이

한 권을 손에 쥐는 순간, 인생의 가장 밑바닥에서 감사와 영광의 수면 위로 부상하는 김토성 선교사와 그의 가정을, 그리고 그를 인도하신 하나님을 만나게 될 것입니다. '물 위를 걷는' 새로운 결단과 은혜를 체험하는 부흥의 시간이 될 것을 확신하며 이 책을 권합니다.

❖ **김한요** 미국 얼바인 베델교회 담임목사

부목사 시절, 섬기던 교회의 성도님들 중에 유난히 눈에 띄던 집사님 부부가 있었습니다. 10년이 지난 어느 날 그 부부에게 전화가 왔습니다. 선교사가 되어 곧 선교지로 떠날 것이라며 저희 집을 방문하고 싶다고 했습니다. 전화를 끊고 생각했습니다. '수천 명의 성도들 중에, 그렇게도 눈에 띄었던 이유가….'

사택으로 찾아온 두 분과 그동안 있었던 이야기로 대화의 꽃을 피웠습니다. 그리고 두 분을 축복해 드리며 배웅해 드렸습니다.

그로부터 8년이 지난 어느 날 다시 연락이 왔습니다. 이번에는 두 따님과 함께 저희 집을 방문하고 싶다고 했습니다. 그렇게 다시 만나 나누었던 이야기 속에는 제가 생각지도 못했던 선교사님 내외분의 고통과 눈물, 기도와 환희, 그리고 소망이 들어 있었습니다. 무엇보다, 찐하디 찐한 하나님의 섭리의 손이 이야기 꽃 핵 속에 숨겨져 있었습니다.

이 책은 선교사님 내외분이 저에게 해 주신 이야기 꽃의 핵 속에 숨어 계신 하나님의 섭리의 손에 기록입니다. 이 책을 읽으시는 모든 분들이 김토성 선교사님 내외분이 경험하신 꽃의 핵 속에 숨어 계신 하나님의 섭리의 손을, 직접, 그리고 생생하게 경험하시기를 간절히 소망하고 기도합니다.

❖ **김영하** 미국 헌스빌한인장로교회 담임목사

김토성 선교사님의 책『오늘도 물 위를 걷다』를 추천하게 된 것을 진심으로 감사드립니다. 김 선교사님은 선교지 아이티에서 만나게 된 특별한 분입니다. 아내 되는 선교사님과 함께 여러 번 찾아와 주셨는데, 그 만남이 마음에 깊이 남아 십여 년이 지나도록 서로 기도 제목을 나누며 연락의 줄을 놓지 않고 있었습니다.

남아공화국으로 파송되며 본격적으로 선교사의 삶을 시작하게 되었다고 연락을 주셨을 때 누구보다도 놀라고 감격했던 저였습니다. 그러고 몇 해가 지난 어느 날, 김 선교사님이 현재 생사를 다투고 있다는 아내 선교사님으로부터의 기도 제목은 또 한 번 저를 놀라게 하며 다시 긴박한 기도에 임하게 했습니다.

거듭되는 하나님의 은혜 가운데 온전히 회복된 후 지금의 제 선교지인 마드리드 누옥을 방문해 주신 날, 밤새도록 그간의 놀라운 간증을 들으며 함께 아파하고 함께 기뻐했었습니다.

책으로 읽은 두 분의 삶은 그날 나누었던 간증을 뛰어넘는 인내와 사랑, 그리고 헌신의 서사시였습니다. "잠시 잠깐 머무는 이 땅에서의 나그네와 같은 삶으로 우리의 영원한 미래가 결정된다", "죽음 이후의 영원한 삶을 믿는 이들은 이 생의 기회를 허투루 보내 버리는 일은 없을 것이다", 그리고 "창조의 목적에 어울리는 가치 있는 일에 목숨을 걸어야만 한다"라고 다짐하며 "나의 남은 삶 또한 그렇게 의미 있게 소멸되어 지길 간곡히 바란다"라고 마무리하는 글에서, 선교사님이 겪은 삶의 무게를 다시 한번 깊게 느꼈습니다.

이 책을 접하실 많은 분들이 간증을 통하여 삶과 믿음을 새롭게 조명하며, 영원한 삶을 향하여 인생을 거시는 분들이 되시기를 소원합니다.

❖ **김용재** 스페인 UNICAP 선교사

아무리 기술이 발달하여 온 세계와 우리의 삶이 AI, Big data 등에 의하여 관리되고 기계가 모든 일을 행함으로써 생활이 편리해진다고 하더라도 주님을 모르는 백성들에게 복음을 전하는 일, 그들을 하나님의 백성으로 인도하는 일은 사람이 해야 하는 일입니다. 이 사명을 이루기 위해 행동하는 것도 중요하지만, 그보다 더 큰 조건은 따뜻한 마음과 이들을 긍휼히 여기는 마음입니다. 저는 김토성 선교사님을 볼 때 이 따뜻한 마음을 느낍니다. 항상 겸손하면서도 최선을 다해 다른 사람들에게 사랑을 베푸시는 모습이 너무도 감동적입니다.

　저희 부부가 몽골에서 짧은 기간이나마 그들을 섬기고 있을 때, 교회 Vision Team의 일원으로 오셔서 함께했던 추억이 새삼스럽고 소중합니다. 그때는 선교사로 헌신하시기 전이었으나 현지 백성들, 특히 어린이들을 사랑하고 그들을 돕기 위하여 마음을 쏟는 모습에 저는 감격했었습니다. 얼마의 시간이 지나고 검은 대륙 아프리카의 남단, 남아공에 온 삶을 헌신하기 위해 떠나셨다는 소식을 들으며 어찌 보면 당연한 결정이라고 느꼈던 기억이 납니다.

　그러나 이 책에서 담담히 서술한 것처럼, 김 선교사님은 "영혼 구하는 일"을 위하여 너무 많은 고생을 하셨습니다. 어느 선교사라도 선교를 편하게 했다고 하는 것은 어불성설이겠지만, 이 경우는 쉽지 않은 환경에서 사역하면서 유별나게 많은 어려움이 있었고 그후에 건강의 문제로 누구도 인내하기 어려운 고통의 시간을 지나가셨습니다. 고통의 순간순간을 견디는 것은 매우 버거웠을 테지만, 김 선교사님이 책의 마지막 부분에서 "행복은 고난의 깊이만큼 느낀다"라고 고백하는 것처럼 고난의 가시밭길을 하나님의 손길과 기적을 체험하는 감사의 기회로 승화시킴으로써 궁극적으로는 승리를 이루어 내셨습니다.

이 책은 한 진실된 신앙인이 주의 일을 하면서 겪은 혹독한 시험과 그 시험을 이겨 내는 모습을 통해 많은 감동과 도전을 줍니다. 우리도 매일 "물 위를 걷는 기적"의 체험을 갈망합니다.

❖ **이청** 장로, Cal Poly Pomona 은퇴교수

베드로가 배에서 뛰어내려 그의 한 발이 물에 닿을 때 물밑에서 뭔가 그의 발을 받쳐 주는 힘을 느꼈을 것이고, 그래서 물 위를 걸을 수 있었다고 봅니다. 물론 믿음이 흔들려서 일시적으로 물에 빠지기도 했지만 말입니다. 내가 정말 궁금한 점은 '배 안에 있는 동료 제자들은 물에 빠진 베드로의 모습을 보고 비웃었을까' 아니면 '물 위를 걷는 그의 모습을 보고 부러워했을까'입니다. 개인적으로는 후자일 것이라고 생각합니다.

저자는 이 책에서 물에 빠진 다양한 경험들뿐 아니라 물 위를 걷는 경험들을 진솔하게 나누고 있습니다. 그중에도 저자가 공들여 언급한 '1월 23일에 담긴 의미'는 독자들이 직접 경험하는 물에 빠지는 사건과 물 위를 걷는 사건에 담긴 하나님의 뜻을 스스로 깨닫게 할 것입니다.

❖ **임태호** 선교사, SEED USA 대표

하루의 시간이 24시간으로는 너무 짧다고 생각하신 적이 있으신가요?

'하루가 48시간이라면, 계획된 일, 의미 있는 일을 하루 안에서도 완벽하게 할 수 있는데' 하는 아쉬움 말입니다.

100세 인생에, 시간이 더 주어진다면 얼마나 더 많은 일을 할 수 있을까요?

『오늘도 물 위를 걷다』 이 책은 한 번에 읽을 수 있는 책입니다. 그러나 책 안에서 발견하는 여러 번의 다양한 이정표들이 읽는 이에게 질문을 던질 것입니다. 글쓴이와 함께 이정표를 따라 멈춰서고 돌아서고 아파하고 감사하면서 주어지는 기회를 선용하십시오. 순간순간 이정표를 들고 손 내미시는 그분을 외면하지 마시기 바랍니다. 이 책은 당신을 위한 책입니다.

❖ **김준원** 목사, Founder of PFA(Partners for Africa)

약 한 달 전에 욥기의 말씀을 설교하면서 마음이 많이 복잡하고 답답했던 적이 있습니다. 욥기는 하나님의 절대 주권과 고난의 신비에 대해 알려주는 너무나 귀한 책이지만, 아무런 이유 없이 당하는 큰 고난의 시간들이 힘들고 외로웠을 욥의 심정을 저로서는 감히 상상조차 하기 어려웠기 때문입니다. 물론 하나님이 모든 것을 합력하여 선을 이루시는 분이시라는 것을 조금도 의심없이 믿지만, 막상 끝도 보이지 않는 고통과 고난의 시간을 힘겹게 지나가는 분들을 옆에서 지켜보면, 하나님은 도대체 어디에 계시고 지금 무엇을 하시는지 알 수 없어서 긴 한숨과 탄식밖에 나오지 않을 때가 있습니다.

저자인 김토성 선교사님을 알고 지낸 지가 거의 20년이 되어 갑니다. 미국 얼바인에 있는 한 교회에서 집사님을 만났고, 제자훈련을 통해서 많이 가까워졌습니다. 제가 교구 담당 목사로 섬길 때, 집사님께서 한 셀의 리더로서 셀원들을 정말 열심히 섬겼던 모습이 지금도 선명하게 기억납니다. 그중에서 가장 대단하다고 느꼈던 점은, 집사님께서 셀원이었던 다른 집사님에게 신장을 기증하신 일이었습니다. 자기 신체의 일부를 가족에게 기증하는 것도 쉽지 않은 일일 텐데, 피 한방울도 섞이지 않은 다른 교우에게 신장을 기증한다는 것은 당시 수천 명에 달하던 교우들에게 굉장한 충격이었고 동시에 큰 은혜였습니다. 그래서 나중에 남아공에 선교사로 떠나신다는 이야기를 듣고도 저는 집사님이라면 충분히 잘 감당하실 것이라는 확신이 있었습니다.

그런데, 선교사로 떠난 지 얼마 지나지 않아서 너무나 안타까운 소식을 듣게 되었고, 그때부터 시작된 긴 투병 기간 저는 오직 기도밖에 할 수 있는 것이 없었습니다. 이 책을 읽으면서 선교사님은 제가 알고 있었던 고난보다 훨씬 더 큰 고통의 시간을 지나셨음을 알게 되었습니다.

급성 백혈병, 항암 치료, 담석증 수술, 세 번의 패혈증…. 보통 사람이라면 누구나 피하고 싶은 질병들을 선교사님은 마치 사투를 벌이듯 온 몸으로 겪었습니다. 그런데 놀라운 것은 그 모든 고난과 고통의 시간 가운데 함께하신 하나님의 은혜가 너무나 크고 신비하다는 것입니다. 도저히 우연이라고 볼 수 없는 하나님의 섭리와 때를 따라 도우시는 성령님의 역사가 선교사님의 투병 과정 가운데 함께하신 것을 보았습니다.

그 힘든 시간들을 신앙과 인내로 이겨 낸 선교사님도 대단하지만, 무엇보다 그 모든 시간을 눈물과 기도로 함께해 준 아내 선교사님과 사랑스러운 두 딸의 아름답고 성숙한 신앙의 모습을 보는 것도 너무나 귀했습니다.

저는 이 책을 낙심과 절망의 늪에 빠져 있는 분들에게 추천합니다. 지금 당하는 고난이 절대로 고난으로만 끝나지 않을 것이라는 희망을 얻게 될 것입니다. 또한 평안할 때 너무 쉽게 감사를 잊는 많은 신앙인들에게도 추천하고 싶습니다. 왜냐하면 일상의 삶을 살아간다는 사실 자체가 우리에게 가장 큰 행복이요 감사라는 사실을 깨닫게 되기 때문입니다. 무엇보다 이 책을 통해 많은 분이 위로 받고 하나님을 더욱 신뢰하게 되기를 주님의 이름으로 축복합니다.

❖ **류태우** 동안성결교회 담임목사

　세상에는 세 종류의 책이 있다고 생각합니다. 하나는 정보와 지식을 담은 책, 생각과 주장을 담은 책, 그리고 삶을 담은 책입니다. 이 책은 전문 글쟁이의 글은 아닙니다. 그러나 그들 못지않은 군더더기 없는 담백한 글입니다. 어떤 글쟁이도 흉내 낼 수 없는 그야말로 자신을 고스란히 옮겨 놓은 바로 저자 자신의 삶이기 때문입니다. 최근 독서의 집중력이 현저히 떨어지고 있다는 사실을 느끼고 있는 저로서는 추천사를 써 달라는 부탁을 받고 내심 부담이 되었습니다. 그의 글을 읽지 않고서 추천사를 쓸 수는 없었기 때문입니다. 그런데 보내온 그의 글을 펼쳐 읽자마자 이내 빨려 들어가듯 책 속으로 들어가 저는 내내 그를 읽었습니다.

　저자는 '대단한 업적이 없는 평범한 사람의 스토리가 책이 될 수 있을까?'라고 질문하며 이야기를 써 내려 갑니다. 저자의 삶은 누구들처럼 쉽게 행복과 감사를 말할 수 있을 만큼 순탄치 않았습니다. 그러나 그는 생사를 넘나들며 죽음을 깨닫고 자신의 삶을 통찰합니다. 그는 하나님 안에 있는 자신의 일상의 모든 순간을 기적이라 해석합니다. 그는 "죽음에 가까이 가니, 사람이 살아 있다는 것이 얼마나 신비한 일인지 깨달았다"라고 말합니다. 이 말이 실로 그의 삶이며 고백입니다. "하나님을 믿는 그 순간부터 일상은 기적이 된다." 저자는 이렇게 책을 끝 맺습니다.

　저자는 오늘도 자신이 기적을 살고 있음을 고백하며 "오늘도 물 위를 걷는다"라고 썼습니다. 오늘도 나의 일상에 임하신 하나님의 은혜를 발견하기 원하는 모든 이들에게 일독을 권합니다. 특별히 인생의 의미를 발견하지 못하고 있다면, 평범한 일상에 무료함을 느끼고 있다면, 이 책을 강추합니다. 책을 읽으며 저자를 읽으며, 자신의 일상도 물 위를 걷는 영광의 순간이며 기적임을 발견하게 될 것입니다.

❖ **송동호** 목사, 나우미션 대표

서문

대단한 업적도 없는 평범한 이의 이야기를 읽어 내려가는 동안 느껴지는 공감과 감동을 통해 정체되어 있는 삶의 변화를 꿈 꿀 수 있기를 바라며 이 책을 썼습니다.

단순히 제 개인적인 경험을 나열하기만 하는 것이 아니라, 제 삶속에서 늘 앞서 일하시는 하나님의 기적과 매 순간 친근한 간섭으로 항상 예상치도 못했던 일들을 이루어 내시는 그분의 놀라운 은혜를 적어 내려 노력하였습니다.

평탄치 않고 우여곡절이 많은 삶으로 때로는 외롭고, 그 무게가 어깨를 짓누르며, 예상치 못하게 찾아온 고난이 끝이 보이지 않을 때… 그 시간들 속에는 어렵고 힘든 시간만 존재하는 게 아니라는 것을 나중에야 깨달았습니다. 그 고난의 끝에는 상상하지도 못했던 멋진 결과들이 있었습니다.

우리 자신이 오롯이 감당해 내야 하는 짧지도, 길지도 않은 단 한번의 인생은 그 의미가 무엇인지 알고, 살아 낼 방법이라도 배우며, 어떤 목적을 향해 걸어가야 하는지 정도는 알고 그 시간들을 채워 나가야 합니다.

저는 이제서야 살아내는 방법을 알게 되었습니다. 그것은 나에게 삶을 주신 이가 나를 사랑하며, 자신을 인간으로 낮추시고 죽음까지도 감내하여 그 사랑을 증명해 내셨다는 것을 알고 나서야 이해가 시작되었고, 부활하시어 나를 영원한 삶에서 기다리고 계시다는 것을 믿을 때 비로소 내 삶의 의미를, 목적을, 그리고 결국 살아내는 방법을 깨닫게 되었습니다. 그러나 그 과정은 절대 순탄치 않습니다.

당신도 어쩌면 순탄치 못한 순간에 외로이 서 있는 것은 아닌지요? 아니면 여전히 주어진 삶에 만족하지 못하거나 얼마 남지 않았을지도 모르는 시간을 그저 흘려보내고 있는 것은 아닌지요?

그 분, 하나님은 미지의 세계 어디에선가 내 삶의 가장 첫 순간부터 지금에 이르기까지 어느 누구보다 세세하게 관여하고 계십니다. 무심한 듯, 때로는 계시지 않는 듯… 그러나 뒤돌아보면 매순간 빠짐없이 함께 하고 계시는 그분의 흔적을 삶 곳곳에서 발견할 수 있습니다. 수없이 많은 우연, 신기한 순간들, 그리고 짧은 지혜로는 이해할 수 없는 오묘한 기적들이 상식의 한계를 넘어 우리 자신을 이끌고 있었음을 발견할 때 비로소 삶의 진정한 의미를 느끼며, 축복받은 삶임을 깨닫게 됩니다.

제게 허락되었던 기적의 이야기들을 이 책 안에 담았습니다.

(하나님의 일상인 기적…) 기적은 멈추지 않습니다. 그것이 우리 자신에게 일어나길 바란다면 그(예수님)를 진정으로 믿기만 하면 됩니다. 그를 의지하고, 그의 인도하심 대로 살아가기만 됩니다. 그러면 상상하지도 못한 멋진 삶이 우리의 인생에 펼쳐집니다. 끝없는 하나님의 사랑과 무한하신 그 능력을 기대하며 매일을 기적의 희열속에 살아갈 수도 있을 것입니다.

보이지 않지만, 보여지는 것보다 훨씬 더 크고 다양하고 풍성한 은혜와 평안을 이 책을 받아 든 당신에게도 선물하고 싶습니다.

저자 김토성

01.
남아공의 봄이 시작되는 9월

　남반구에 위치한 남아프리카 공화국은 사계절이 북반구의 한국이나 미국과는 반대다. 날씨가 좋기로 유명한 캘리포니아에 못지않게, 남아공 케이프타운의 날씨는 청명하고 언제나 기분을 좋게 한다. 한여름이라도 건조한 기후 덕에 그늘은 항상 선선하고, 한겨울이라도 영상 5도 이하를 내려가지 않는 온화한 편인 날씨 천국이다. 때때로 대서양에서 불어오는 바람이 세차게 느껴지기도 하지만, 오히려 그 바람은 '케이프 닥터'라는 별명만큼 현대의 흔한 공해도 거두어 가 버리기에 남다른 깨끗함이 유지되고 있다. 아득하게 느껴지는 소외된 땅 아프리카, 그 대륙에서도 끄트머리에 위치한 남아프리카 공화국은 그야말로 땅 끝이라는 별명이 어울리는 아득한 곳이다.

남아공 케이프타운의 테이블 마운틴

그곳에서 선교사라는 이름으로 지낸 지 두 해를 넘기던 어느 날부터인가 몸에 특이한 알레르기가 생겼다. 손톱이나 조금 날카로운 물체로 피부를 긁으면 그 모양대로 붉게 부풀어 오르는 증세였다. 아내와 아이들이 장난삼아 손등에 하트를 그리기도 하고, 팔뚝에 이름을 쓰기도 하며 웃어넘겼다. 나중에 알고 보니, 피부 묘기증(皮膚描記症, 피부 그림증)이라는 병명이 붙은 알레르기였는데 생활에 큰 지장을 줄 만큼은 아니었기에 그다지 대수롭지 않게 여겼다. 선교지로 나와 그동안의 환경과는 다른곳에서 사역을 준비하던 시간이 그다지 쉽지는 않았던 터라 몸이 반응하는 것일 수도 있다 싶었다.

시간이 지나면서 불편함과 낯섦에 적응해 갔지만, 기다리던 파송

교회의 사역 지원에 대한 답변은 하염없이 계속 미뤄지고 있었다. 인생의 중대한 시기였던 40대 중반에 하나님의 부르심에 순종하며 떠나온 머나먼 땅 끝의 사역지, 미국에서의 편안함과 안정된 환경을 모두 내려놓고 그곳에 뼈를 묻으리라는 각오로 어린 아이들까지 이끌고 떠나와 적지 않은 노력을 기울였던 선교적 사업 사역(Business as Mission) 추진에 대해 기대했던 교회의 지원 건이었다.

어느 날 지인으로부터 가슴이 내려앉는 듯한 소식을 전해 들었다. 그토록 오랜 시간 계획하고 준비해 오던 남아공에서의 사역이 교회 내 선교위원회로부터 승인을 받지 못해 취소되었다는 소식이었다. 가능성이 있는 십여 가지의 사업 아이템 가운데 BAM 교육 과정과 담임 목사님의 의견을 통해 확인되었던 여행업이 하나님의 응답이고 인도하심이라 믿었다. 나를 위한 사업이 아니라, 선교 현장의 현지인들의 생계를 도우며 동시에 복음 전달을 위한 도구로써의 사업이었기에 더욱 신중히 검토하고, 나름 철저한 조사를 거쳐 사업 제안서까지 만들어 보내드린 지 1년을 넘긴 시점이었다. 거의 결정되었으니 조금만 기다리면 바로 시작하게 될 것이라는 답변을 들은 이후였기에 내가 느끼는 충격은 더욱 컸다.

답답했다. 아니 기가 막힌다는 표현이 적절할지도 몰랐다. 시작 단계부터 사역의 방향을 논의하고, 제안해 주신 사역들을 구체화시키는 과정에서 다시 원점으로 돌아가게 만드는 답변을 3년 가까운 시간이 지난 시점에 듣게 된 것이다. 사업을 통한 선교가 아니라면 평신도로서 어떠한 사역이 진행되기를 기대하시는지, 일반적이고 전통적인 사역을 기대하시는지를 다시 교회에 물었다. 답변이 없었다. 아니, 공식적으로 "취소되었다"는 답변조차 듣지 못했다. 답변을 기다리는 동안 답답한 마음은 더욱 무게를 더해 갔다. 기도를 시작했다. 마음이 쉽게 잡히지 않았다. 희생을 감수하며 시작한 귀하고 좋은 일이라 믿었던 사역에 왜 이렇게 생각지도 않은 난관이 닥쳐온 것인지 정말 알 수가 없었다.

스텔렌보쉬 신학대학 앞에서

02.
스텔렌보쉬에서의 새로운 도전

상심의 시간이 몇 개월 넘도록 지속되었다. 그러는 중에 문득 떠오른 생각이 가라앉은 마음을 살짝 위로하는 듯했다. 관심은 있었지만 이제껏 기회가 없어서 미루어 두었던 신학을 공부하는 것이었다. 목사가 되는 것이 어떻겠냐는 제안을 여러 차례 받았지만 여러 차례 기도를 해도 왠지 하나님께서는 그 방향으로 인도하시지 않는 것 같았다. 오히려 목사가 아닌 평신도로서 복음이 필요한 이들에게 눈높이를 맞추어 함께하는 일꾼이 필요하다는 응답을 마음에 주셨었다. 그러나 부족한 신학 지식과 성경에 대한 궁금증, 그리고 하나님을 더 알고 싶은 마음은 계속 커져갔다. 어쩌면 지금이 기회가 아닐까 싶어, 신학으로 많이 알려져 있는 스텔렌보쉬(Stellenbosch) 신학대학원의 석사 과정을 도전하기로 하고 입학 등록을 했다. 사역이 멈춰진 예상치 않은 휴식은 신학을 공부에 절호의 기회였고 그야말로 늦깎이 신학생이 되는 것이지만 기대가 가득했다.

　일반 학부 학위를 가진 학생들에게 신학을 공부하기 전 요구되는 사전 과정이 있었다. 첫 수강이 있는 날 부푼 마음으로 학교를 향했다. 교통 체증을 피해 넉넉히 여유를 가지고 출발했더니 한 시간이나 일찍 도착했다. 케이프타운에서 스텔렌보쉬까지는 서울 중심부에서 수원까지의 거리 정도 되지만 지나는 길은 한적한 전원 풍경을 만끽할 수 있어 좋았다. 대학 주변의 저렴하고도 맛있는 커피숍에서 라떼를 한 잔 들고 교정을 걷는데 어찌나 행복하던지…. 싱그러운 아침은 새소리와 함께 더욱 반짝거리는 듯하고, 주변을 지나치는 젊은 향기 나는 학생들은 나도 모르게 그들에게 동화되어 내 젊음인 양 생동감을 만끽하게 해 주었다. 아내와 통화하며 행복함을 전하는데, 그리도 좋을까 하며 아내는 살짝 놀라는 눈치였다.

　강의실에 도착하니 다양한 나라에서 온 다양한 학우들을 만나게 되었다. 리비아에서 온 정형외과 전문의, 튀르키예에서 온 저널리스트 겸 PD, 카메룬에서 온 사회 심리학 교수, 스위스에서 온 의사, 레위니옹(Reunion)이라는 생소한 나라에서 온 막내뻘 유학생, 한국에서 이민 와 같은 학교에서 지질학을 전공했다는 유일한 여학생까지 나를 포함 총 7명의 학생이 수업을 듣기 시작했다. 그들에 비해 월등히 늦은 나이에 시작한 공부이기에 부담스러울 만큼 격차가 느껴지는 것이 사실이었다. 하지만 한편으로는 젊은 친구들 사이에서 회춘한다는 기분도 무시하지 못했다. '두세 배로 열심히 해야겠군' 하며 각오를 다졌었다. 그러나 며칠 동안 왕복 3시간이 넘는 등하교 시간은 반 백세가 되어 공부하는 내게 부담이 되기 시작했다. 수업을 충분히 숙지하기에는 동기들보다 더 많은 시간이 필요한 상황이라 그랬지만 오고가는 길에 쏟아붓는 에너지와 기름값도 무시할 수 없었다. 그래서 다른 동기들이 머무는 기숙사 정보를 구하기 시작했는데 생각보다 저렴하지도 편해 보이지도 않았다.

마침 같은 교회를 섬기며 동 대학원에서 학업 중이시던 지인 목사님으로부터 오랜 시간 동안 유독 한인 신학생에게 온정을 베풀던 밍키 할머니라는 분의 하숙집을 소개받았다. 밍키라는 이름은 할머니의 애칭인데 그 이름만큼 귀엽고 아담한 체구의 할머니였다. 모두들 그렇게 부르는 것이 내게도 더 친숙하게 느껴졌다. 하루에 7~8 달러에 지나지 않는 숙박비도 마음에 들었다. 할머니는 그 집에서 가장 나은 방이 남아있다며 자랑스레 문을 열어 주었다. 하지만 그 집이 지어진 50여 년 전의 모습 그대로인 듯 보여지는 분위기에 골동품 가구들과 함께 퀴퀴한 카펫의 냄새가 눈과 코를 간지럽게 했다. 과연 한 학기를 이곳에서 견딜 수 있을까 싶었다. 그래도 저렴한 비용에 학교에서 멀지 않다는 장점은 집에서 구두쇠로 통하는 나를 설득시켰다. 편한 게 공부에 도움이 되지 않는다는 벌써 꼰대의 반열에 들어선 듯한 구태의연한 생각으로 결정을 내렸다. 하숙 첫날, 방에 들어와 제습기를 종일 틀어 놓고 창문을 열고 환기를 하고 탈취제를 뿌렸다. 당분간 낮 시간 동안은 학교 도서관에서 공부를 하고 저녁 늦은 시간에 들어와 잠만 자는 일정으로 극복하기로 했다.

밍키 할머니는 더없이 친절하고 좋은 분이었다. 스텔렌보쉬에서 교수 생활을 하시던 아버지의 영향을 받아서인지 아주 지적이고 문학과 신학에 대한 조예도 깊어, 가끔 식탁에 앉아 이런저런 이야기를 나누다 보면 어설픈 영어로 하는 대화임에도 시간 가는 줄을 몰랐다. 할머니도 말동무가 없어 심심하셨을지 모르지만 저녁에 들어와 차 한 잔 하며 담소를 나누는 것이 내겐 영어 활용의 기회가 됨은 물론 남아공 현지인의 정서와 문화, 그리고 사람을 배우게 하는 긍정의 효과도 무시하지 못했다.

주일 저녁이면 학교로 향하고, 한 주의 마지막인 금요일 수업을 마치면 집으로 돌아오는 생활을 이어 갔다. 밍키 할머니 하숙집에는 다른 한국인 목사님과 전도사님이 하숙 중이었다. 미혼인 그분들은 이먼 곳까지 혼자 와서 수학에 전념 중인 유학생이었기에 고국의 음식을 항상 그리워하셨다. 그 생각에 매주 아내에게 먹거리를 넉넉하게 싸 달라고 부탁하여 그분들을 챙기려 노력했다. 안 그래도 이른 아침에 나가 저녁 늦게 돌아오는 일정으로 공부를 하다 보니, 사실 싸 주는 음식을 혼자서는 다 먹지도 못했다. 함께 음식을 나누는 것에 두 분은 무척 좋아하고 고마워들 하셨다. 베풀고 나누고, 또 그 고마움을 아내에게 전하는 것이 모두가 만족하는 일이다 싶어 나도 좋았다.

여름으로 들어선 케이프타운의 화창함에 더해 훈훈함이 가득한 날씨들이 이어지던 11월 중순의 어느 토요일, 가족과 함께 남아프리카공화국에서의 3주년을 기념하며 평화로운 공원 안에 있는 멋진 분위기의 식당에서 모처럼만의 외식을 하고 사진도 찍으며 즐거운 시간을 보냈다. 집에 돌아와 샤워를 마친 후 오랜만에 체중계에 올라섰는데, 앗! 최고치 경신. 내 몸무게가 87.2kg를 찍었다. 아이들이 아빠 돼지 된다고 놀렸다. 다음 날 아침, 감기 기운이 살짝 느껴졌다. 주일 예배를 마치고 늦게 끝나는 아이들을 기다리는 중에 몸살 기운도 함께 느

남아공 정착 3년 기념일에

껴져, 읽던 책을 덮고 차에서 잠시 눈을 붙였다. 아내는 좀 더 쉬고 월요일 아침에 학교로 바로 올라가기를 권했지만, 나 자신이 더 풀어지지 않도록 각오를 한 만큼 불편한 몸과 아이들이 사용하던 싱글 매트리스를 함께 차에 구겨넣고 스텔렌보쉬 하숙집으로 향했다.

월요일이 되어 학교로 향했는데, 감기는 좀 더 심해졌다. 계속되는 기침에 동기들 수업까지 방해하는 것 같아 미안해졌다. 남아공 생활 3년차에 처음 겪는 감기였다. 각오가 각오니만큼 한 주간 감기와 싸우면서도 잘 버티고 주말을 맞았다. 집으로 돌아가는 길에 케이프타운에는 흔치 않은 고등어를 사다 달라던 아내를 위해 학교 주변에 있는 생선가게에 들렀는데, 문 닫힌 냉장고 앞에 잠시 서서 기다리는 것이 한겨울에 반팔 옷만 걸치고 바깥을 나다니는 것처럼 힘들게 느껴졌다.

며칠이 지나 감기도 조금 나아졌다. 그러나 계속되는 묘기증은 여전히 기세를 굽힐 줄 몰랐다. 따뜻한 물에 샤워를 하면 전신이 가려워 참기 힘들었고, 조금만 긁어도 붉게 오돌토돌 두드러기가 돋는 증세가 지속되었다. 알레르기는 면역력 저하의 주요 증세라는데 건강을 돌보기 위해 무언가를 해야 한다는 생각은 있었지만, 남아공이라는 곳에서 집 밖을 나가 걷거나 뛰는 것은 범죄와 직면해야 하는 일임을 알기에, 또한 청빈해야 할 선교사로서 짐(Gym, 헬스클럽)을 다니는 것은 마음 불편한 일이기에 머뭇거리고만 있었다.

　새로운 월요일이 되어 아내가 준비해 준 음식 보따리를 바리바리 싸 들고, 또 한 주간을 힘차게 보내기로 마음을 다잡고 스텔렌보쉬로 향했다. 수업을 마친 후 오랫만에 일찍 하숙집에 들어와 떡라면을 끓였다. 쿠킹 랩에 싸 준 작은 밥도 말아서 아내가 새로 담궈 준 김치로 맛난 저녁을 혼자 마쳤다. 그리고 두어 시간이 지나 잠시 침대에 기대어 아내와 통화하던 중에 갑자기 복통이 시작되었다. 참기 어려운 묵직한 통증이었다. 나중에 다시 하겠다며 전화를 끊었다. 명치 왼편이 쥐어짜는 듯 아프기 시작하더니 누워 있을 수 없을 만큼 심해졌다. 이전에 경험한 흔한 복통과는 다른 부위에 다른 느낌이었다. 너무 괴로웠다. 방 안에 있던 딱딱한 나무 의자에 걸터앉아 숨 고르기를 하며 배를 문지르고, 소화제를 먹고, 비상용으로 가지고 있던 사혈침(瀉血鍼, 죽은피를 빼내어 기혈의 순환을 돕기 위하여 놓는 침)으로 손을 따 보았지만 소용이 없었다. 어깨와 등 근육이 쥐가 나듯 굳어가며 아프기 시작하고 급기야는 눈앞이 서서히 어두워지며 식은땀이 온몸에 흐르기까지 했다. 흐를 정도의 식은땀은 익숙치 않았다. 급체일거라 생각했다. 밤 9시 전부터 시작된 통증은 11시를 넘어서까지 이어졌고, 결국 용수철처럼 튀어 오르며 저녁으로 먹었던 것을 모두 게워낸 후에야 통증이 나아졌다.

남의 집 욕실 바닥을 달갑지 않은 그것으로 엉망진창을 만들고, 기진맥진한 상태로 치워야 하는 내 모습이 내가 보기에도 안쓰러웠고 민망했다. 밤 12시는 도움을 청할 시간도 아니었지만 그럴 사람도 없었고 그럴 수도 없었다. 결국 여러 가지 방법을 다해 간신히 치우고 방으로 돌아오면서 침대에 쓰러졌다. 옷을 갈아 입어야 하는데, 씻어야 하는데, 불을 꺼야 하는데…. 밝으면 잠들지 못하는 나였지만 전등 스위치를 내릴 힘이 없었다. 아무것도 움직일 수 없는 탈진 상태로 그렇게 잠에 빠져 들었다. 그러고서 눈을 떠 보니 아침. 다시 기억하고 싶지 않은 밤이 지나갔음에 안도의 한숨을 쉬었다.

며칠 뒤의 저녁 시간, 혼자 있는 게 이렇게 힘들고 외롭고 서러운지를 느끼는 하루를 다시 맞이했다. 다시 아팠다.

아내가 싸 준 한식으로 저녁식사를 푸짐히 차리고 이웃 전도사님과 함께 나누었다. 약간 얼큰해서 맛깔스러운 황태 북엇국과 돼지불고기, 그리고 김치가 주 메뉴였다. 그다지 무리하지 않을 만큼 먹고 정리를 마친 다음 책상에 앉아서 공부하는데, 두어 시간이 지나 다시 복통이 시작되었다. 지난 번과 같은 곳 명치 왼편을 무언가가 쥐어짜듯 엄청나게 답답하고 숨이 잘 안 쉬어질 만큼의 통증이 찾아왔다. 조금 지나자 머리부터 어깨와 등까지 굳어가는 듯한 느낌이었다. 한 시간, 두 시간⋯. 며칠 전의 통증보다 심하다 싶을 만큼 더 힘들었다. 게워 내면 좀 나을 것 같은 기대감에 화장실에 가서 아무리 목구멍에 손가락을 넣어봐도 할 수가 없었다. 또다시 식은땀이 이마에서 얼굴 아래로 흘러내렸다. 그 순간에, "하나님께서 이 고통을 제게서 멈추어 주세요⋯"라고 감히 예수님이 고난 중에 하셨던 기도를 진지하게 흉내 내었다. 그래도 더없이 간절했다. 그리고 "그러나 주의 뜻이 있다면 먼저 그것이 이루어지길 기도합니다. 잘 감당하게 해 주세요"라고 덧붙이는 것도 잊지 않았다. 그 외엔 다른 어떤 생각도 떠오르지 않는, 이성이 사치스럽게 느껴지는 상황이 이어졌다.

통증이 어깨와 등을 넘어 허리와 다리까지 굳는 듯했다. 다시 기진맥진하여 눈앞이 흐려지기 시작했다. 흐릿하게 보이는 눈으로 인터넷을 뒤져 찾은 게워내는 방법을 시도했다. 온몸의 힘을 다해 배를 힘주어 주무르길 40여 분, 복통이 시작된지 4시간가량이 되는 새벽 1시가 되어서야 드디어 성공할 수 있었고, 다시 그 자리에 쓰러졌다. 그 순간은 어떤 사이버 영화의 한 장면처럼 배터리가 다 소모되어 정지 모드로 들어가는 인조인간이 된 것 같았다. 아무것도 할 수 없었다. 머릿속엔 한 오라기의 생각조차 남질 않았다. 정말 마지막까지 타다 남은 촛불이 꺼져버린 듯한 느낌과 함께 잠이 들었다. 기절에 가까웠다.

하필이면 다음 날이 시험날이었다. 제대로 된 준비 없이 그야말로 평소 실력으로 시험을 치를 수밖에 없었다. 몸 상태가 정상적이지 않았지만, 시험만 보고 나면 일찍 집에 가서 쉴 수 있다는 것을 위안으로 삼았다.

아내에게 부탁해 병원 예약을 부탁했다. 내 일생 처음인 병원 예약이었다. 2년 전 건강검진 때 들었던 의사의 소견이 떠올랐다. "담낭에 작지 않은 담석이 있으며 지금은 괜찮더라도 심한 복통이 생기면 바로 응급실에 가서 수술을 해야 한다"던 이야기였다. 이게 담석증 증세였던 건가?

고난의 한 주를 간신히 마치고 다음 날 집에 들어서는데 이상한 일이 발생했다. 집에서 키우는 두 마리의 개 가운데 하나였던 도베르만 믹스견 수아가 차에서 내리는 내 근처에서 안절부절을 못했다. 평소에는 나의 짓궂음 때문에 저만큼 멀리서 지켜보거나 도망가기 일쑤였는데, 그날따라 나에게 다가와 냄새를 맡고 이리저리 살피는 듯한 이상한 행동을 했다. 왜 그러지 하며 고개를 갸우뚱하고는 큰 관심을 두지 않은 채 나는 집 안으로 들어가 버렸다. 나중에서야 개들은 사람의 몸에서 나는 냄새로 병의 징후를 먼저 알아차리기도 한다는 이야길 듣고 수아가 했던 행동의 이유를 알게 되었다.

다음 날인 토요일은 지도 교수님이 클라스 동기들을 모두 남아공의 유명한 식사, 브라이와 사라이(Braai & Sarai: 남아공 식의 바베큐와 샐러드 정찬)에 초대를 한 날이었다. 하지만 난 도저히 참석할 수가 없었다. 동기들과의 교제도, 교수님과 가족들과의 기대했던 만남도 내가 감당하기엔 몸이 따라줄 상태가 아니었다. 집에서 쉬는 것 외엔 할 수 있는 게 없는 상태였다. 너무 기력을 잃어서인지 화장실에서 용변을 볼 때 조금 힘을 줬더니 몸살 기운이 올라왔다. 이게 뭔가 싶어 창피하기도 했지만 기막히기도 했다. 아내가 웃었다. 한때는 운동도 좋아하고 꾸준히 체력 관리를 해 왔던 나였는데 나이 50에 어쩌다 이렇게까지 망가졌을까 싶었다. 기력도 약해지고 면역력도 약해지고, 상황이 안 된다는 핑계로 운동까지 멈추다 보니 근육을 잃어가는 것이 느껴지는데 슬프기까지 했다.

드디어 예약된 날이 되어 병원을 찾아갔다. 남아공에서는 그나마 규모 있는 체인 형태의 넷케어(Netcare)라는 병원이었다. 사실 남아공의 의료 수준은 아프리카에서 가장 상위, 아니 세계에서도 어느 정도는 인정해줄 만큼 역사적으로 신뢰도가 있었다. 세계 최초의 심장이식수술을 성공시킨 의사가 남아공 의사이니 절대 무시할 수준은 아닌것이다. 단지 열악한 경제력의 영향으로 의료 수준의 편차가 크고, 서비스의 질이 오랜 시간 제자리걸음 중인 아쉬움은 있지만 말이다.

수술 전문의라는 의사는 엄청 강하고 빠른 남아프리카 억양으로 몇 가지 질문을 하더니 한쪽에 있는 침대를 가리키며 내게 누워보라고 했다. 그러고는 복부 이곳저곳을 눌러보더니 통증이 느껴진다는 나의 반응에 갸우뚱하는 모습을 보였다. 도움이 될까 싶어 지난 검진 당시에 담석이 있다는 진단 소견을 의사에게 전했다. 의사는 그 말을 듣더니 바로 "아~!" 하며 해답을 찾았다는 듯 반가운 기색과 함께 담석이 있는 담낭을 수술로 떼어내면 된다며 너무 쉽게 대답했다. 이어 고민할 필요 없다는 듯 수술 날짜를 잡자고 했다. 무슨 수술을 촉진으로만 결정하나 싶어 조금 흔들렸지만, 그래도 의사이니 믿고 이야기를 계속 들었다. 12월 중순부터는 연말 휴가를 가야 하고 그 이전은 무척 바쁘지만, 마침 다음 주 수요일에 시간이 된다며 몰아붙이듯 급속도로 일정을 확정하려 했다. 비용은 약 4만 5천 랜드(약 3천 달러)가량이 될 거라고 했다. 하지만 나중에 알고 보니 내가 통증을 느꼈던 위치와는 달리 담낭은 명치 우측에 있었다. 고개를 갸우뚱 하지 않을 수 없었다.

  다음 날 이메일로 받은 견적서엔 수술비만 6만 5천 랜드로 하루 사이에 40% 가까이 올라있었다. 해외에서 겪는 흔한 일 중 하나인 외국인 대상 특별가(?) 대우인 듯싶었다. 그에 반해 한국에서는 약간의 선교사 혜택을 기대할 수 있어 더 저렴하게 수술이 가능한 병원이 있다는 소식을 들어 알고 있었다. 짧은 시간이나마 보여준 의사의 진찰과 대응 방식은 신뢰하기도 어려웠고, 병원에서조차 전염될 수 있다는 에이즈(AIDS)나 결핵도 만연한 이곳 남아공보다는 한국이 여러모로 낫게 여겨졌다. 교회에 담석증 수술을 위해 한국 방문이 필요하게 되었다고 전하자 선교위원회에서 급히 미팅을 가진 후 한국행을 허락해 주셨다. 소속 선교단체에도 보고를 마치고 허락을 받았다.

  크리스마스와 연말연시가 걸쳐 있는 시기라 수술 후 회복까지의 일정에 여유를 두고 계획해야 했다. 하필 얼마전 가족 모두가 함께 신청한 남아공 비자 연장 건 중 아내 것만 아직 나오질 않아 해외 출국이 불가능했기에 작은딸이 동행해 나의 간병을 담당해 주기로 하였다. 작은아이의 목에 어렸을 적부터 혹이 하나 있었다. 시간이 많이 지나기 전에 검사를 통해 안전한 상태인지 확인했어야 했는데 16세를 넘긴 지금까지 기회를 마련치 못해 항상 미안한 마음이 있었던 중이었다. 잘되었다 싶어 이번 기회에 함께 가서 검사를 해 보기로 했다.

겨우 2주 사이에 몸무게가 5kg이나 빠졌다. 그사이 한두 번 앓고, 담석증에 좋지 않다는 지방이 많은 음식과 자극적인 음식을 줄이고, 양도 좀 줄였더니 다이어트 효과가 크다고 여겨졌다. 담석증의 부작용 치고는 내심 기분이 좋아지는 결과였다.

오래전 신청했던 중남부 아프리카 선교대회를 가족과 함께 참석했다. 약속한 일정이니 애써 함께 하려 했다. 기력이 없어 방에 들어가 혼자 쉬어가며 간신히 일정을 마쳤다. 다음 날인 12월 12일을 한국으로 떠나는 날로 잡았다. 교회와 현지 선교 사역 공동체 내의 선임 선교사님들께 간단한 인사를 드렸다.

한 주 사이에 또다시 2kg 이상이 빠졌다. 이젠 80kg. 아이들과 아내가 부럽다는 이야기를 한다. 🖋

03.
드라마 단골 소재 희귀병의 발견

대충 정리한 여행 물품들과 또 그간의 감사드려야 할 분들을 위한 몇 가지 조그만 선물거리를 급히 구매해 함께 짐 가방을 쌌다. 작은딸은 간병인 역할을 잘할 수 있을지 모르겠다고 걱정하면서도 내심 한국 여행하는 것을 즐거워했다. 하지만 만약이라도 목의 혹을 검사하고 수술이라도 하게 될까 걱정도 함께 하는 듯했다.

공항에서 최근에 변경된 남아공 출국 미성년 아이들을 위한 해외여행법을 두고 작은 실랑이를 벌였다. 사전에 확인하고 잘 준비해 나왔는데, 오히려 항공사가 최근 시행법을 아직 공식적으로 전달받지 못한 문제였다. 하지만 잠시 동안의 난처한 상황은 곧 해결되었고 아내와 큰딸에게 간단한 수술만 마치고 곧 돌아오겠다는 인사를 나눈 후 항공사 직원의 안내를 받아 탑승장으로 이동했다. 게이트 문이 닫히기 직전 마지막으로 탑승한 후 한숨을 돌렸다.

마침 감사하게도 세 자리 중 가운데 자리를 비워줘서 딸과 교대로 잠시라도 누워 잠을 청할 수 있었다. 좋지 않은 몸 상태로 인해 계속 불안함이 지속되긴 했지만 다행히도 큰 무리없이 견디며 홍콩을 경유하는 시간을 포함해 25시간의 긴 비행을 마쳤다. 무사히 인천공항에 도착해 우리 가족만의 오랜 습관이 된 입국 절차에 따라 공항 편의점에서 바나나 우유와 소시지(보통은 삼각김밥)를 샀다. 역시 음식 조절을 위해 난 우유 반 병과 소시지 한 입으로 그쳤다. 한 달짜리 전화 심(SIM) 카드를 구매 후 지하철을 타고 서울 염창동에 있는 선교사 숙소로 향했다. 겨울다운 겨울이 없는 캘리포니아와 케이프타운에 적응이 된 우리에겐 날이 매서우리만큼 추웠다. 선교관은 엘리베이터도 없는 4층 건물로 우리 숙소는 4층 맨 끝 방이었다.

이것저것 필요한 물품을 챙겨 넣어 온 고작 2개의 이민 가방을 옮기는 것이 그렇게 어렵고 힘든 일인줄 예전엔 미처 몰랐다. 반 층을 옮기고 나면 숨이 턱 밑까지 찼다. 예닐곱 번을 쉬어가며 간신히 배정된 방으로 짐을 모두 날랐다. 딸아이는 걱정 섞인 목소리로 자기가 옮

길테니 놔두라는데, 아빠가 되어 그렇게는 할 수 없었다. 결국 도움을 받아 모두 옮기고, 체면이 말이 아니었던 순간을 허탈한 웃음으로 모면했다.

숙소는 두세 명이 누우면 가득 찰 만큼 작은 고시원 수준의 온돌방이었다. 방 안에 냉기가 가득해서 보일러를 켜 둔 후 차라리 바깥에 나가 저녁을 먼저 먹고 들어오기로 마음을 먹었다. 가까운 식당을 찾아 딸아이가 좋아하는 김치 만두와 내가 선택한 바지락 수제비를 시켰다. 깨끗이 비우지는 못했지만 맛있는 한국에서의 첫 식사를 마치고, 들어오는 길에 한국의 옛 향수를 그리며 작은 크기의 귤을 한 박스 구입했다. 내 어릴 적 추억처럼, 한국의 겨울 나기에는 따뜻한 방바닥에서 이불 덮고 앉아 귤 까먹는 재미라는 것이 있음을 딸아이에게 알려 주고 싶었다.

숙소로 돌아왔지만 아직도 온도는 15도. 침대가 없는 방이 어색하면서도 정겹게 느껴졌다. 바닥에 깔아놓았던 요 아래를 더듬더듬거리며 그나마 조금이라도 더 따뜻한 자리를 찾았다. 그리고 함께 누워 달콤새콤한 한국산 귤에 감동하며 나누는 이야기에 연신 서로 키득거렸다. 내게는 딸과 함께 어릴 적 아련한 추억을 되새겨 보는 호사로운 시간이었다. 다음 날 아침, 편의점에서 사 온 작은 빵과 우유로 간단한 식사를 하려 했지만 나는 전혀 먹히지가 않았다. 친구의 소개로 알게 된 의사 선생님이 계시는 강남의 한 중형병원으로 향했다. 한참을 걸어 지하철을 갈아타며 약속된 시간에 맞춰 도착했다. 한 시간 남짓 되는 거리에도 적잖이 힘이 들었다.

이곳저곳 검진 중에 복부 초음파를 찍었다. 예상대로 담석이 있으며 이전보다 커진 상태라 했다. 경험했던 복통 증세에 대해 말했지만 담석의 크기는 커졌어도 그 위치가 안정적이어서 통증의 원인은 아닐 거 같다며 다시 한번 복통의 원인을 발견하기 위해 위내시경 검사를 추가 요청하셨다. 내시경 결과 심한 시기는 지난 듯하지만 위벽 전체에 울긋불긋한 염증의 흔적이 있다고 했다. 그러나 이것이 그토록 심한 통증의 원인이 될 가능성은 희박할뿐더러 명치 좌측 통증, 즉 왼편 옆구리에 심하게 멍든 것 같은 통증과는 거리가 있다고 했다. 그러면서 특이한 질문을 했다. "혹시 이전에 비장이 일반인들보다 크다는 소리 들어 보신 적이 있나요?" 비장이 뭘하는 기관인지 어디에 있는지조차 알지 못하는 내게 그런 기억이 있을 리 없었다.

검진을 마치고 기다리는 중에 피곤을 못 이겨, 잡지를 보며 기다리는 딸의 어깨에 기대었다. 원장님이 지나시다 나를 보고는 많이 힘드냐 물으셔서 깨어 보니 어느새 딸의 무릎을 베고 잠들어 있었다. 안쓰러웠는지 원장님께서 영양제가 들어있는 수액 주사를 무료로 놓아주셨다. 덕분에 30여분을 더 쉬며 기력을 조금 되찾을 수 있었다.

원장님은 검사 자료를 챙겨 주셨고, 혈액검사 결과는 월요일 이후에 전달받기로 했다. 그러나 보다 확실한 검사를 위해 더 큰 병원에서의 CT 촬영을 권해 주셨다. 선교사에게 약간의 할인 혜택이 있는 안양에 위치한 종합병원에 다음 날 오전으로 예약을 마친 후 이미 충분히 지친 몸을 이끌고 아무 생각 없이 숙소로 돌아왔다. 딸아이에게 서울 구경을 좀 시켜주고 싶었지만 몸이 말을 안 들어 미안함만 가득했다. 저녁식사 시간이 되어 예전에 익숙했던 김밥천국이라는 분식집에서 간단한 요기를 마친 후, 지친 몸이지만 웃으며 숙소에서 따뜻한 쉼을 맞이했다.

다음 날인 토요일 아침 안양으로 향했다. 선교사와 목회자 응대를 전담하는 분이 일찌감치 우리를 기다리고 있었다. 토요일은 근무시간이 짧기에 서둘러 신경외과 담당의사 문진을 진행할 수 있도록 도왔다. 먼저 딸이 CT 촬영을 하고 그 결과는 판독팀에서 받게 되는 월요일에 재방문해서 수령하기로 했다. 이어지는 내 순서에 소화기내과 의사 선생님을 만나 증세에 대해 설명하고 CT 촬영을 주문받았다. 한데 내게 빠른 결과 확인을 위해서라며 입원을 요청하셨다. 국내 의료보험도 없는 상황에 적지 않은 비용을 들여가면서까지 입원해서 편히(?) 기다릴 처지가 못 되기에 두 번이나 정중히 사양했다. 그 후 CT 촬영 전 조영제 투여를 위해 주사실에 갔는데, 간호사가 일반적인 절차상 체온을 재더니 몸에 열이 높다며 규정상 약 38도 이상이 되면 의사에게 보고해야 한다고 했다. 의사 선생님은 주사실까지 찾아와 다시금 입원을 하는 게 좋겠다고 강하게 권했고, 더 이상의 사양이 쉽지 않음을 깨닫고 그렇게 하겠다고 했다. 숙소에서 짐을 챙겨와야 하는데 서울 지리는 물론 한국어에도 익숙치 않은 아이를 혼자 보낼 수도 없고, 내가 혼자 다녀오자니 챙긴 짐을 들고 올 자신도 없어 결국 딸아이와 함께 숙소까지 다녀오기로 했다.

  병원을 나온 시각은 오후 3시경. 아침도 점심도 먹지 못한 채로 통증과 열에 시달렸던 나는 지칠 대로 지쳤지만 한국에 오면 가장 그리웠던 음식을 먹기 위해 골목길 모퉁이에 있는 작은 중국집에서 특별 주문한(?) 우동밥을, 딸아이는 짜장면을 시켜 먹고 숙소로 돌아와 짐을 꾸렸다. 사실 오늘은 남아공 출발 전부터 딸아이가 한국에 와서 가장 먼저 하고 싶었던 머리 손질을 하는 날이었다. 남아공에서 지내는 동안 비싼 가격으로 인해 한 번도 미용실을 가 본 적이 없던 아이를 위해 미용실을 하는 아내의 친구에게 부탁해 저렴하게 예약을 해 두었던 것이었다. 내 몸이 안 좋아도 그 기대를 아는 마당에 꺾을 수가 없었다. 결국 입원을 위해 싸 온 짐가방을 들고 작고 소박한 광명시의 미용실로 들어섰다. 조금은 견딜 수 있을 것 같아 이 기회에 나도 함께 덥수룩해 진 머리를 다듬었다. 나 역시 남아공에 머무는 동안 아내의 아마추어 솜씨에 머리를 맡겨 왔었기에 볼품없는 상태였다. 이발을 마치고 딸아이를 기다리는 동안 미용실을 소개해 준 아내의 친구가 음료를 사 들고 찾아와 잠시 담소의 시간도 가졌다. 그러던 중 갑자기 병원에서 연락이 왔다. 왜 입원 수속을 하러 빨리 오지 않느냐는 재촉이었다. 언제 제한 시간을 정해준 것도 아닌데 무슨 일인가 싶었다. 모두 마친 후 시간을 보니 벌써 저녁 8시를 넘기고 있었고 우린 서둘러 병원으로 향했다.

입원이다. 평생 처음으로 내가 아파서 하게 된 생소한 입원. 한국에서의 병원 입원을 위해서는 사전에 적지 않은 입원비를 선납부해야 한다고 했다. 다행히 신용카드로 우선 지불했다. 수속을 마친 후 한 시간여를 기다리다 저녁 10시가 되어서야 침대를 배정받고 올라가 누울 수 있었다. 조금 쉴 수 있을까 싶었는데, 그때부터 시작해 밤새 다양한 문진과 서류 확인 그리고 건강 상태 검사를 진행했고 여러 병의 혈액을 채혈해 갔다. 피곤하고도 귀찮게만 느껴지는 밤이었다.

남아공에서부터 잠시나마 이웃으로 지냈던 지인 가정이 연락 와 다음 날 찾아올테니 식사를 함께 하자고 하기에 간호사에게 그렇게 해도 괜찮은지를 물었다. 병원 바로 앞의 식당에 가는 것쯤은 괜찮을거라고 해서 부담없이 약속을 잡았다.

다음 날인 주일, 미국에 있는 파송 교회에서 선교사를 위한 만찬모임이 있는데, 각국에 나간 파송 선교사들과 영상으로 인사하는 시간이 있다고 참석을 요청해 왔다. 병원 환자복을 입고 추레한 모습을 보일 수밖에 없었지만 그래도 어쩔 수 없는 건강상의 이유로 인한 상황이니 양해해 주시리라 믿었다. 그리고 잘 마쳤다.

오후 4시경이 되니 미리 약속한 남아공 이웃이 왔다. 반가운 가족이었다. 이미 외출 허락을 받았던 터라 삽입되어 있는 주사 바늘(IV: Intravenous)을 잠시 빼 달라고 간호사에게 부탁했다. 그런데 당직 간호사는 무슨 소리냐며 정색을 했다. 내가 하는 요청이 병원 규칙에 어굿나며 특별한 경우라 할지라도 당직 의사에게 허락을 받아야 한다는 답변이었다. 기가 찰 노릇이었다. 어제 분명하게 가능하다고 했기에 멀리서 1시간을 넘게 달려온 손님들인데, 이제와 말을 바꾸는 것이 이해가 되지 않았다.

그사이 당직의사가 응급실에서 뛰어와 짧고도 강한 어조로 설명하기 시작했다. "환자분은 지금 상태가 심각합니다. 혈액검사 결과 정상인의 10~15%밖에 안 되는 수치이십니다. 지금부터는 외출은 물론 방문객도 안 되고 어서 마스크를 착용하셔야 합니다." 짐짓 놀랐다. 복통 때문에 들어왔는데 혈액과 무슨 관계가 있다는 말일까? 의사의 표정과 단호함은 내 입장과 상황을 이해시키려 했던 노력을 멈추게 만들었다. 결국 작은딸만 데리고 나가 먹고 싶어하던 설렁탕을 먹이고, 나의 남은 입원기간 동안 병원식 대신 영양 보충을 위해 빵과 군고구마까지 사 보내며 신경 써 주었다. 미안했다….

'그런데 뭘까? 혈액 수치가 그렇게 떨어진다는 것은…?'

결핵? 에이즈? 백혈병? 피에 관한 아는 병명을 다 떠올려보았지만 난 이 부분에 상식이 많이 부족했다. 남아프리카 공화국은 우리에게

제3세계이니 만큼 선진국에서 이미 사라지거나 흔치 않은 병도 여전히 존재할 수 있었다. 물론 에이즈 최위험 국가라는 오명도 떠올라 마음이 편치 않았다. 그러한 위험이 내게 영향을 미칠 거라고 깊게 생각해 본 적도 없었다. 하지만 머릿속은 물론 온 근육에 긴장을 일으키기에는 충분했다.

다음 날 이른 아침 간호사가 와서 혹시 말라리아 위험지역에 간 적이 있냐고 물었다. 한국에 들어오기 바로 전 말라리아가 있을 수도 있는 지역에서 열린 선교대회에 참석하고 그 직후 이틀 동안 근처에 있던 크루거 국립공원(Kruger National Park) 주변을 가족과 여행하며 그때 모기에게 물린 것이 떠올랐다. '아~ 그건가 보구나!' 한순간에 안심이 되었다. 보통 말라리아에 걸리더라도 증세가 시작된 후 3~5일 이내에 약이나 주사로 대부분 치료가 가능하다는 것을 들었던 기억 때문이었다. 약 30분 정도가 지나 간호사의 요청에 따라 판정을 받으러 담당 의사를 찾아 내려갔다. 그런데 병원에 올 때 들어갔던 소화기내과가 아닌 혈액종양내과로 안내를 한다. 말라리아도 이쪽인가?

처음 만난 의사는 좀 어두운 얼굴에 사무적인 말투였지만 애써 밝게 이야기를 시작했다. "환자분은 말초 혈액에서 발견된 악성 세포로 봐서 99% 백혈병입니다. 지난해의 혈액 검사를 비교해 보니 최근에 발병된 급성으로 판단됩니다. 많이 놀라셨죠?" 의사는 내가 놀랄 새도 없이 바로 설명을 이어 나갔다. "이 병원엔 백혈병 치료를 위한 항암 치료는 가능하나 골수이식까지 해야 할 경우 진행이 불가합니다. 한국에서는 삼성의료원, 아산병원, 강남성모병원 등을 백혈병 전문 병원으로 권해 드릴 수 있으며, 의료보험이 없으시다면 빨리 재가입하시는 것을 권합니다. 최소 6개월 이상 소요되는 치료이며 보험이 없으시다면 초기 3개월에 1억이 넘는 금액이 들고 골수이식 단계까지 가면 적어도 3억 이상을 예상하셔야 합니다. 더불어 급성이라 조속히 치료를 시작하셔야 하는데 우선적으로 해야 하는 골수 검사부터 치료를 진행하실 병원에서 하시는 것을 권해 드립니다. 여기서 먼저 시작하실 수는 있지만 그 비용만 약 2~3백만 원이 소요되니 중복이 되는 것은 좋지는 않죠."

멍했다. 그런데 나도 모르게 웃음이 흘러나왔다. 기가 막히면 그럴까?

나는 "미국 시민권자라 어차피 한국에서 의료보험을 살리려면 법에 따라 최소 6개월을 머물러야 하는 것으로 압니다. 그럼 너무 늦을듯 싶은데, 차라리 가족이 있는 남아공으로 돌아가 아내와 상의 후 방법을 결정하고 치료를 받는 것은 어떨까요?" 라고 물었다. 그러자 의사는 단호하게 "그렇게 시간을 소모하시게 되면 치료에 아무런 의미가 없을 수도 있습니다. 그냥 두시면 환자분은 길어도 3~4개월 정도밖에 생명을 유지하실 수 없을 겁니다. 그보다도 항공 여행 자체도 지금으로서는 큰 무리입니다"라고 답했다. 나는 한국에서의 치료가 불가능한 여러 상황과 함께 미국에서의 치료가 내게 있어 그나마 선택 가능한 최선임을 전했다. 결국 의사는 최대한 항공이동에 도움이 되는 건강 상태가 되도록 보완 후 내일 퇴원하도록 허락을 해 주었다.

어려운 이야기를 옆에서 듣고 있던 한국어가 서툰 딸아이는 분위기를 눈치채고 진료실을 나오면서 조심히 물었다. 백혈병이 뭐냐고. "Leukemia"라고 답하자 갑자기 충혈된 눈에 눈물이 고이더니 억지로 참으며, "음… 내가 울면 안 돼, 아빠가 힘들잖아…"라고 혼잣말을 하며 고개를 돌렸다.

다시 생각해도 믿기지 않았다. 급성 백혈병이라니. 영화에서 비련의 주인공이 걸리는 단골 소재로 삼던 원인도 출처도 모르는 병이 이젠 나를 선택해 주인공으로 삼았다. 누군가가 걸릴 수 있는 병이라면 나에게도 얼마든지 일어날 수 있다고 알고 있었지만, 현실로 다가온 순간 머릿속에 닥친 멍한 느낌은 쉽게 가시질 않았다.

담석증 수술 진행과 결과를 기다리고 있는 교회와 선교위원회에 조금 전 들은 놀라운 소식을 전하지 않을 수 없었다. 순간 아내의 얼굴이 떠올랐다. 갑자기 앞으로 가정의 모든 걸 감당하게 될지도 모르는 부담을 너무도 급작스레 전달해야 하는데 선뜻 연락을 할 수가 없었다. 소식을 전해 듣고 당혹스러워 할 아내의 반응이 우려되었다. 그러지 않아도 여리고 걱정을 도맡아 하는 아내에게 어떻게 전해야 할까…. 무엇보다 너무도 큰 미안함이 솟구쳤다. 케이프타운에 머무는 동안 믿음 안에서 좋은 친구가 되어 주시고 또 가까이 지내며 편안함을 베풀어 주시던 한인교회 담임 목사님 내외분이 떠올랐다. '그래, 그분들에게 부탁을 드리자.'

케이프타운 시간으로 이른 아침, 마침 1년에 한 번 체리 농장으로 새신자 환영회를 가는 날이었다. 조심스럽게 카톡으로 연락을 드렸다. 역시나 많이 놀라시는 목사님께 "죄송하지만 제 아내에게 가셔서 이야기를 전해 주시길 부탁드립니다" 하고 정말 어려운 부탁을 드렸다. 내가 가고 싶어했던 체리 농장을 큰딸아이만 데리고 참석한 아내는 오늘이면 나온다는 검사 결과를 알려달라는 카톡 메시지를 중간중간 보내왔다. 나는 당혹스러움에 아직 안 나왔다고, 시간이 더 필요한 모양이라고 어색하기 그지없이 둘러대기만 했다.

하루가 지나지 않아 미국에 있는 교회에서는 의사와 보험전문가이신 집사님들을 포함한 선교 소위원회의 긴급 미팅이 열렸고, 미국으로 급히 들어와 치료를 받을 수 있도록 방법을 강구해 주셨다. 여행사를 운영 중인 친구가 항공권을 예약해 준 덕에 다음 날 미국으로 떠나는 데 문제가 없었다. 그리고 그 사이 나의 급성 백혈병 소식이 아내에게도 전해졌다.

아내에게 보이스톡이 왔다. 아주 침착하려 노력하지만 가냘프게 떨리는 목소리로 "괜찮아요? 너무 힘들지 않아요…?", "그럼 난 괜찮아. 다만 당신에게 미안하지…." 한동안 이어지는 대화를 통해 서로에 대한 믿음과 사랑이 느껴지고, 또 우리 안에 거하시는 하나님께서 선하신 의도 가운데 우리를 인도하실 것이라는 평안함이 자리를 잡았다. 친구의 도움으로 아내와 큰딸 역시 급히 미국으로 들어오는 항공편을 예약하였다.

다음 날 퇴원을 앞두고 낮은 혈액수치를 높임으로써 위험한 상태를 최대한 보완하기 위해 혈소판이라는 아주 생소한, 연유처럼 생긴 흰색 혈액을 넉넉히 수혈해 주었다. 8팩이나 되는 양을. 태어나 처음 받는 수혈치고는 아주 특이한 경험이었다.

그 와중에도 납득이 가지 않는 병원의 절차 한 가지가 있었다. 너무 낮은 면역력으로 인해 위험하니 방문객도 삼가시키고 병실 안에서도 마스크를 껴야 하며, 외출은 절대 금지라더니 퇴원 준비 절차를 위해 사람들로 북적거리는, 어쩌면 다양한 균들에 노출되었을 사람들이 가장 많이 모이는 곳으로 나를 보냈다. 몇 가지 서류 발급과 입원비 잔액 납부를 위해 없는 힘을 다해 분주하게 다니다 생각해 보니 어이가 없었다. 분명 환자를 위하는 처사는 아니라고 생각되었다.

한국까지 와서 간병인 역할을 감당하며 간이침대에서 자는 등의 불편함을 감수하는 고등학교 1학년 작은딸에게 미안한 마음이 컸다. 서울에서 가 보고 싶은 곳이 있냐고 하니, 홍대 앞은 꼭 가 보고 싶다고 했다. 한국에 있는 유일한 친구를 보고 싶어 하기에 홍대 쪽으로 오라 하고 난 까페같은 곳에서 기다릴 마음으로 동행하기로 했다. 한겨울 날씨는 물론 쿠션이 없는 딱딱한 나무 의자들밖에 없는 카페에서 기다리기가 시간이 쉽지는 않았지만 귀엽고 사랑스런 딸에게 잠시나마 즐거운 시간을 줄 수 있어 마음은 한결 편했다.

건강보험에 가입할 생각 한번 해 볼 겨를 없이 넉넉치 않게 살아왔던 미국 생활에, 그래도 혹시나 하는 마음으로 들어놓았던 월 납부금 22달러짜리 생명보험이 두 달 전 50세 생일을 기점으로 만료되었다. 아쉬웠지만 이걸 보면 기막히게도 운이 없거나, 아니면 하나님은 세상의 시스템을 의지하거나 우선시하지 않도록 우리를 이끄시는 듯 싶었다. 어디에서도 의료보험을 가지고 있지 않은 터라 의료비용이 특히나 높은 미국에서의 치료는 더더욱 어떻게 해야 할지 막막했다. 한국에 비하면 터무니없다 싶을 만큼 높은 미국의 의료비인 걸 아는데, 한국에서 3억이면…? "하나님 도와주세요" 하는 기도가 한숨처럼 새어 나왔다.

다음 날 아침, 따뜻하고도 편하게 거의 한 번도 깨지 않고 잘 자고 일어났다. 지난 밤 시간에 미국 교회에서도, 속해 있던 남아공 사역 공동체 (PFA : Partners for Africa)의 선교사들 안에서도 뜨거운 기도가 시작되었다고 들었는데, 방 안의 보일러보다 분명 그분들의 기도의 힘이었다.

예비선교사로 마침 한국을 방문중이셨던 집사님 내외분께서 아침을 같이 하자며 먼 걸음을 마다 않고 오셨다. 늦게 일어나 서둘러 대충 치우고 급히 씻었다. 지난 밤 새벽 2시를 넘은 시간에 지방에서 일을 마치고 돌아오셨음에도 겨우 잠시 눈을 붙이고 한 시간 넘는 거리를 달려 아침 8시에 도착하는 수고를 마다하지 않은 친형님 친누님같은 분들이었다. 내 상태를 인지한 그분들은 자진해서 우리 짐을 싸 주셨다. 더구나 공항까지 함께 동행하며 꼼꼼히 챙겨 주셨다. 진심으로 고마웠다.

남아공 사역을 나가 있는 동안 물심양면으로 도움을 가장 크게 주시던 집사님 한 분께서 특급 승합차를 대기시켜 주셨기에 짐을 넉넉히 다 싣고도 4명이 편히 타고 공항까지 이동할 수 있었다. 그분과 형님 아우 하는 사이가 된 지도 5년을 넘긴다. 이렇게 하나님께서 인연을 맺어주신 분들로 인해 많은 도움을 받았고, 그동안 맞닥뜨린 고난들은 무리없이 감당하며 지나갔었다. 이분들은 우리에게 또 다른 가족이나 다름없었다.

같은 교회를 섬기다 캄보디아로 떠난 선교사님과 인천 공항에서 만났다. 어제 저녁 전화를 주시고는 말을 잇지 못하신 채로 흐느끼시던

따뜻한 마음의 선교사님. 함께 간단한 식사를 같이 한 후 인사를 나누었다. ✍

04.
원치 않은 귀환

　미국으로 가는 비행기 안. 아직까지도 원인이 무엇인지 정확히 알려진 바가 없어 더욱 애틋하게 만드는, 순정 영화에서 주인공의 비극적인 삶을 그릴 때 최적의 요건을 갖추어 주는 단골 소재(?) 백혈병. 내가 그 병에 걸렸다. 이제 나는 어떻게 되는 것일까? 영화에서 늘 그렇듯 나도 곧 죽는 것인가? 신속한 치료가 없으면 길어야 몇 개월밖에 살 수 없을 거라던 의사의 말이 떠올라 갑자기 또 헛웃음이 나왔다. 나의 삶이 다 했을 수 있다….

　그동안의 삶이 주마등처럼 머릿속에 떠오르고 눈앞을 휘저었다. 그다지 충분히 멋지거나 올바르게 살아온 것 같지 않았다. 너무 다이나믹하다 싶을 만큼 안정이 없던 삶이었고, 중심 없이 휘청거리며 뜨네

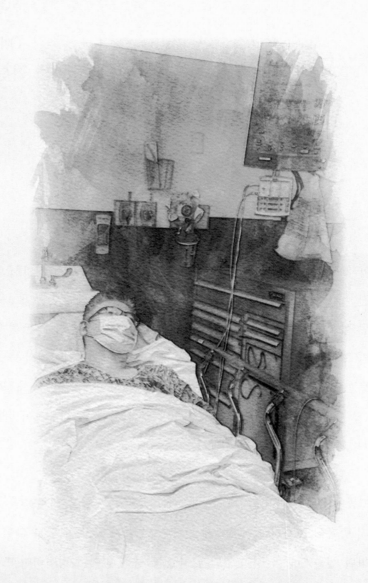

미국 헐리웃 장로 병원 응급실에서의 첫날

기를 자처한 모습들만 떠올랐다. 이뤄놓은 것도 없고 내세울 것도 없으며, 함께한 아내와 아이들에게 남겨 줄 것도 없는 빈궁한 인생살이였던 것이 지금에서야 깨달아지는 것은 무언가. 후회가 적지 않을 인생이었음을 죽기 직전인 시점에서야 깨닫는 것은 부끄러움이고 아쉬움 그 자체였다.

한국에 비해 16시간이 느린 시차로 미국에서 다시 수요일 아침을 맞고, 큰 어려움 없이 로스앤젤레스 공항에 도착했다. 거의 만석인 비행기를 탑승 전날 발권했는데도 친구의 도움으로 가운데 좌석을 비워 둔 두 자리를 배정받았다. 요즘은 우스운 표현으로 눕코노미 좌석이라고 하던가. 비즈니스 클래스 못지않은 편안함을 누릴 수 있어 감지덕지한 비행이었다. 공항에 도착 후 선교위원 중 한 분인 집사님의 마중을 받고 예정된 병원 응급실로 가기 전, 친구가 예약해 두었던 LA 한인타운 내 선교관에 짐을 내려 놓으러 들렀다. 병원으로 떠나기 전 샤워만이라도 하고 개운한 기분으로 가고 싶었다.

LA 한인타운 내에 위치한 선교관은 오래된 주택 뒤편에 있는 작은 주차장(Garage) 건물을 개축해 만든 조금은 허름해 보이는 숙소였다. 더구나 한인타운 가장자리에 위치해 어린 딸아이를 혼자 두기엔 충분히 안전하지 않아 보였다. 샤워를 마친 후 간단한 짐을 정리하여 예정된 일정대로 LA 할리우드 지역에 있는 종합병원으로 향했다. 응급실로 먼저 들어간 후, 입원실이 준비되기까지 여러 가지 검사를 다시 받았다. 한두 시간가량 걸릴 수 있다는 간호사의 설명과는 달리 10시간을 기다려서야 입원실을 배정받고 들어갔다. 그리고는 곧 병원에 상주하는 소셜 워커(Social Worker, 한국의 사회복지사와 유사)가 급행 메디컬 보험 신청을 도와주었고, 바로 다음 날 무리 없이 1개월 동안 유효한 응급 메디컬을 승인받았다. 감사했다.

교회 선교 소위원회 위원이자 의사이신 장로님께서, 저소득층을 위한 무료 미국 정부 보험인 메디컬 가입 방법을 알려 주신 것이다. 선교사로 파송받은 후 수령받던 후원금은 생활비 충당만으로도 벅찬 적은 금액이었지만, 잊지 않고 해외에서도 꾸준히 세금 보고를 했던 것이 근거가 되어 수입을 기반으로 한 저소득층 증명이 가능했고, 그 덕분에 신속한 메디컬 수혜 자격을 획득할 수 있었다. 선교지에 적(籍)을 두고 있는 대부분의 선교사들은 본국에 세금 보고의 필요성을 느끼지 못하는 경우들이 적지 않은데, 그렇게 하지 않았던 것이 속된 말로 "신의 한 수"였다.

새벽에 비행기에서 내릴 때 먹은 음식 외엔 아무것도 먹지 못해 배가 고팠다. 저녁 9시가 넘어 한 간호사가 와서 배고프냐고 물어주어 너무 반가웠다. 환자를 위한 미역국이 좀 있는데 가져다줄까라고 하기에 고맙다고 어서 달라고 했다. 미국 현지인 간호사가 미역국이 있다며 권하는 이 병원은 한국의 차병원에서 분원으로 세운 병원이어서 한인 입원층과 한인 의료진이 따로 있을 만큼 한국 사람에게 친숙한 병원이었다. LA가 '서울 나성구'라 불릴 만큼 한인들에게 편리한 곳임을 입증하는 듯했다. 한때 교회를 같이 섬겼던 안 집사님께서 암전문 의사로 근무하시며 선교 소위원회 분들께 저소득층 급행 메디컬 수령이 가능한 방법을 소개해 주신 덕에 이 병원을 오게 된 것이다. 이렇게 논의되고 준비되지 못했다면 주립 또는 시립 병원을 통해서 까다롭고 복잡한 과정을 거쳐 희박한 메디컬 보험 수혜자 관문을 뚫어야 하는 어려운 방법을 따라야만 했는데, 정말 감사하게도 하나님께서는 이러한 분들을 예비시키시고 특별한 치료 과정을 섬세히 인도하고 계셨다.

교회의 선교담당 목사님 내외분, 대학 시절부터 친하게 지냈던 친구가 업무 중에도 시간을 내어 입원하는 것을 도와주었다. 특별히 공항에서부터 병원 입원실에 올라가는 늦은 시간까지 도움을 주셨던 집사님은 하루를 오롯이 나를 위해 섬기며 소비하셨다. 선교사를 도울 수 있을 때 돕는 것이 자신의 위치에서 할 수 있는 사역이라고 하시며 기쁜 마음으로 도움을 베풀어 주셨다. 병원 입원과 메디컬 수혜 과정에 많은 도움을 주셨던 장로님과 소속 선교회 리더분들 역시 바로 찾아오셔서 간절한 마음으로 기도해 주시고 힘을 불어넣어 주셨다. 그 신세를 어떻게 갚아야 할지 모를만큼 모두의 보살펴주심을 통해 넉넉한 하나님의 은혜가 전달되었고 큰 감동으로 마음이 훈훈해졌다.

작은아이와 함께 미국에 도착한 지 이틀째 되는 날 아내와 큰딸이 함께 미국에 들어왔다. 우리는 가까스로 낙심한 모습을 보이지 않으려 애썼다. 그럴수도 있지… 하나님의 뜻이 있으시겠지…. 그렇게 믿고 서로를 위로했다. 어쩌면 삶의 끝자락일 지금 아내와 큰아이를 볼 수 있는 것만으로도 너무 감사했다.

이후 안 박사님의 조언에 따라 남가주에서 암치료로 가장 인정받는 병원 가운데 하나인 USC(University of California) 대학병원으로 전원 절차를 밟았다. 이 역시 순조로웠다. 입원하고 며칠 동안의 까다로운 여러 가지 검사를 거친 후, 세부 병명이 ALL(Acute Lymphoblastic Leukemia , 급성 림프구성 백혈병) Type B라는 것을 알았다. 주로 7세 이

	60 mg/m2 IV	Days 1,2,3
Vincristine (n.x2 ?)	1.4 mg/m2 IV	Days 1,8,15,22
PEG-Asparaginase	2000 U/m2 IV	Day 15
Prednisone	60 mg/m2 PO	Days 1-28
Triple (IT) MTX12/ HCT25/ ARAC30 mg IT		Day 15, 22

5-HT3A D1-5, Tylenol and Benadryl D15
D14 baseline then twice weekly (fibrinogen, TG, amylase, lipase, direct bilirubin)

INDUCTION PHASE II

Cytoxan	1000 mg/m2 IV	Day 1
ARA-C	1000 mg/m2	Day 1
Vincristine	1.4 mg/m2 (max 2) IV	Days 1, 15
inpt HD-MTX	3000 mg/m2 IV/3hrs	Day 15
Leucovorin	50 mg q6h IV	Start 36 hrs from START of MTX, at least 8 doses
PEG-Asparaginase	2000 U/m2 IV	Day 16
6-Mercaptopurine	60 mg/m2 PO	Days 1-14
IT (no ARA-C)	Mtx 12mg, HCTZ 25mg	Day 22
Prednisone	20 mg/m2 PO	Days 15-22

CONSOLIDATION I

inpt HD-MTX	3000 mg/m2 IV over 3h	Days 1 *(3/6.9 ~ 역까지, 3/11~15?)*
Leucovorin	50 mg q6h IV	Start 36 hrs from START of MTX, At least 8 doses
Vincristine	1.4 mg/m2 (max 2) IV	Days 1, 15
PEG-Asparaginase	2000U/m2 IV	Day 15 *(3/26)*
Prednisone	20 mg/m2 PO	Days 15-22
Triple (IT)	12/25/30 mg IT	Day 15

CONSOLIDATION II

ARA-C	500 mg/m2 IV	Day 1 *(4/11)*
Cytoxan	1000 mg/m2 IV	Day 1
Vincristine	1.4 mg/m2 (max 2) IV	Day 1
IT (no ARA-C)	Mtx 12mg, HCTZ 25mg	Day 1
6-mercaptopurine	60 mg/m2	Days 15-28 *(4/20?)*

CONSOLIDATION III

Daunorubicin	25 mg/m2 IV	Days 1, 8, 15 *(5/13). (5/20), (5/27)*
Cytoxan	1000 mg/m2 IV	Day 1
Vincristine	1.4 mg/m2 IV	Days 1,8,15
Dexamethasone	10 mg/m2 PO	Days 15-22
PEG-Asparaginase	2000 U/m2 IV	Day 15
Triple (IT)	12/25/30 mg IT	Days 1, 15

CONSOLIDATION IV

inpt HD-MTX	3000 mg/m2 IV/ 3h	Days 1, 15 *(6/13) , (6/27)*
Leucovorin	50 mg q6h IV	Start 36 hrs from START of MTX, At least 8 doses
Vincristine	1.4 mg/m2 (max 2) IV	Days 1, 15
PEG-Asparaginase	2000U/m2 IV	Day 16
Prednisone	20 mg/m2 PO	Days 16-23

CONSOLIDATION V

ARA-C	500 mg/m2 IV	Day 1 *(7/15), Day+ (7/29)*
Cytoxan	1000 mg/m2 IV	Day 1
Vincristine	1.4 mg/m2 (max 2) IV	Day 1
IT (no ARA-C)	Mtx 12mg, HCTZ 25mg	Day 1
6-mercaptopurine	60 mg/m2	Days 15-28

CONSOLIDATION VI

Daunorubicin	25 mg/m2 IV	Days 1,8,15 *(8/14). (8/21), (8/25)*
Cytoxan	1000 mg/m2 IV	Day 1
Vincristine	1.4 mg/m2 IV	Days 1,8,15
Dexamethasone	10 mg/m2 PO	Days 15-22
PEG-Asparaginase	2000 U/m2 IV	Days 15

맞춤 백혈병 치료 방안과 일정(Regimen)

하의 어린아이들이 걸리는 병이며, 드물게 50세 이상의 성인이 걸리기도 한다고 한다. 내가 50세 생일을 맞고 2개월 째가 되면서 백혈병 진단을 받았으니 이 통계는 반갑지 않을 정도로 정확했다. 의사는 부가적으로 내 유전자 가운데 16번 DNA(염색체)가 변이(Distorted)가 되어 생긴 병이라고 설명했다.

백혈병은 아직 그 원인이 밝혀지지 않았다고 한다. 단지 가장 큰 요인으로 예상되는 것들은 세 가지로 압축되는데, 첫째는 강한 방사능에 노출되는 것, 둘째는 벤젠 계열의 독한 화학약품에 오랜 시간 노출되는 것, 그리고 마지막으로 극심한 스트레스 등이라고 한다. 북극지방을 지나는 항공편으로 남아공과 미국을 한두 번 오가긴 했지만 비행 승무원들에 비하면 절대 강한 방사능에 노출되었다고 할 수는 없다. 주유소나 페인트 관련 업무를 한 적도 없으니 벤젠 계열의 화학약품과는 거리가 멀었다. 그렇다면 나 자신이 그다지 스트레스를 받지 않는 편이라는 내 생각과는 달리 스트레스로 인한 것이었을까? 나중에 서울에 있는 어느 한의원을 찾았을 때 나에게 스트레스를 잘 받고 속으로 쌓는 편이라고 한 것을 보면 스트레스가 가장 가능성 있는 백혈병 원인이 맞는 것 같았다.

급성 림프구성 백혈병은 그나마 치료 가능성이 높은 편이라 하지만, 아직은 성인이 발병한 경우 약 35% 정도의 성공 확률을 보인다고 한다. 그리고 골수이식 단계가 필요하면 완치 가능성이 더 떨어지며, 만일 초기 치료 후 재발이 된다면 7% 이하로 완치율이 희박해진다고 한다. 하지만 한편으로는 최근에 개발된 좋은 신약들이 많이 있기에 향후는 지속적으로 더 나은 예후를 기대할 수 있을 거라는 희망섞인 의견도 있었다.

정밀 검사를 마치고, 혈액암 전문의사들이 모여 나의 치료에 관한 방안(Regimen)을 내놓았다. 날짜별 항암 치료에 사용할 약의 명칭과 용량, 횟수 등 그야말로 내 몸 속에 있는 백혈병과의 전쟁을 치르기 위한 아주 구체적인 전략인 것 같아 신뢰가 갔다.

백혈병 치료는 보통 세 단계로 나뉜다고 한다. 정확한 백혈병의 종류와 상세한 타입을 확인한 후 약 3~4주에 걸친 관해유도요법 시기(Induction Period), 약 8개월 간의 공고요법 시기(Consolidation Period), 그리고 4년가량의 유지보수 시기(Maintenance Period). 병원마다 약간의 기간 차이가 있지만 초기 치료 후 총 5년이 되기까지 재발되지 않으면 주치의가 완치 판정을 승인한다고 한다. 🖋

2018/12/31 첫 항암제 주사

백혈병과의 사투

    2018년 12월 31일, 새해를 앞두고 모두들 들떠 있을 시기에 드디어 첫 번째 항암 치료가 시작되었다. 나쁜 암세포는 물론 건강한 세포까지 죽이는 항암 치료는 듣던 대로 만만치 않았다. 항암주사를 놔주는 간호사는 안전복 같은 것을 덧입고 병실에 들어왔고, 약이 독해 문제가 될 수 있으니 아내에게 바깥에 나가 있기를 권했다. 주사제로 맞는 약인데도 옆에 있는 것만으로도 영향을 받을 수 있다니 그것 또한 놀라웠다. 몇 가지의 항암 약제 주사를 맞은 후 얼마 지나지 않아 온 몸에 오한이 오고 몸살기가 발 끝부터 올라오기 시작했다. 윗니와 아랫니가 부딪히는 소리가 시끄럽다고 느낄 만큼 몸이 떨렸다. '아… 이런 것이구나….'

30년 우정을 이어오는 친구들의 방문

항암 치료 이후 며칠 간은 심한 몸살을 앓듯이 끙끙 앓아야 했다. 구토가 시작되고 약간의 냄새만으로도 메스꺼움이 일었다. 치료 중엔 잘 먹고 잘 자는 것이 최선이라는데 잠은 약기운을 빌어 쪽잠이라도 들지만 특히나 음식 냄새는 때론 정신을 붙잡고 있기 힘들게 만들기도 했고 먹는 것이 세상에서 가장 힘든 일이 되어 갔다.

미국에 도착 후 병원에 입원한 지 17일째를 넘기고 있을 때, 2평 조금 넘길 정도가 되어 보이는 병실이 서서히 감옥같이 느껴지며 나를 옭매고 있었다. 갑갑했다. 워낙 나돌아다니는 것을 좋아하는 성격에 이만큼 참는 내 모습이 한편으로 대견도 하고 하나님은 또 필요하시니

나를 이렇게 가두어 단련시키시나보다 생각도 되었다. 그나마 며칠 전부터 30분 정도라도 건물 바깥 마당을 산책하도록 권해준 의사 덕분에 조금 나아졌지만 그것도 잠시의 해갈일 뿐 갑갑함은 지속되었다.

밤이면 병실에서의 생활이 더욱 괴로웠다. 저녁 9시에 몸 상태 확인(Viral Sign Check-up)이 있고, 밤 12시경이면 혈액 검사를 위해 피를 뽑아 검사실(Lab)에 보내고, 새벽 4시에 다시 몸의 기본 상태 체크는 물론 자리에서 일어나 저울에 몸무게까지 잰다. 아침 6시 반이면 반 주먹쯤되는 약을 복용하는 것으로 하루가 시작되었고 그날의 치료와 약 복용 일정을 꼼꼼히 확인했다. 항암 치료 중 탈수와 독성 누적을 막기 위해 수액(Sodium Chloride)을 24시간 내내 주사제로 맞았는데 이것 때문에 2시간 반마다 한 번씩 화장실을 가야 했다. 잠에 빠져들어 소변을 참다 보면 괴로운 꿈을 꾸기도 하고, 또 요로에 머물러 있는 독성이 문제를 일으키기도 한다면서 최대한 참지 말고 바로바로 화장실을 가도록 권하기에 어쩔 수 없이 밤마다 1~2시간가량의 쪽잠을 자고 깨기를 반복하는 상황이 이어졌다. 음식은커녕 물도 잘 못 마시는 상태로 더 심해졌고, 그렇지 않아도 기력이 없고 쉽게 지치는 백혈병 환자에게 항암 중의 병원 생활은 정말 괴롭기 짝이 없었다. 병원에 머무는 동안 오히려 없던 병이 생기겠다 싶을 만큼 병원 생활은 너

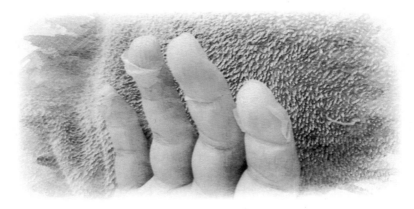

무 힘들었다.

하지만 사실은 이러한 투정은 곧 감사로 바뀌었다. 원인도 잘 모르는 백혈병, 이를 생각지도 않은 방법으로 적시에 발견하고 치료받게 되면서 하나님은 내게 그동안의 수고를 멈추고 쉼을 얻도록 귀한 기회를 허락하셨을 수 있다고 생각되었다. 모든 어려움과 아픔도 못 견딜 정도는 아니었다. 온전하지 못한 정신 상태에 머물러 있는 나 자신은 정작 하나님께 기도할 수 있는 힘조차 없었지만 너무도 많은 믿음의 지인들이 눈물 섞인 기도로 나의 치유와 회복을 하나님께 의뢰드렸음을 알고 있었다. 하나님께서는 그들의 기도에 은혜로 화답하셨고 견딜 수 있는 단단한 마음도 잃지 않게 해 주셨음을 느낄 수 있었다. 정말 감사한 일이었다.

미국에서 일곱 번째(미국은 평가를 통해 매년 전국 순위가 공식적으로 정해진다)이자 캘리포니아에서는 가장 수준 높은 치료와 좋은 시설로 인정받는 USC병원(USC Norris Comprehensive Cancer Center)에서 치료받을 수 있는 기회는 내게 기적 같은 혜택이었다. 백혈병이라는 특성상 면역력이 현저히 낮아 주로 1인실을 사용하는데, 이 큰 병원에도 겨우 50개 밖에 없는 침상 가운데 그나마 일부에 해당하는 정원 뷰(View)를 가진 방을 배정받았다. 친절한 분야별 전문의들의 빈번한 방문과 상태 확인, 하루 6회 이상의 전문 간호사의(RN) 방문, 거기에 수차례의 간호 보조사의 돌봄도 계속된다. 이들은 내 병의 회복에만 관심을 두고 자신의 전문적 노력은 물론 친절과 수고를 아끼지 않음이 느껴졌다. 더구나 병원식도 맛은 둘째치고 2주에 한 번은 랍스터 요리가 나올 만큼 최고 수준이다. 간병인과 함께 먹을 수 있도록 2인분이나 배달해 주는 세심함도 보인다. 그러니 어찌 감히 불평을 하랴.

미국 병원은 한국에서 경험한 것과는 달리 환자의 편의에 중점을 두고 의료 서비스를 한다. 엑스레이(X-ray)나 초음파 등 대부분의 모든 검사를 포터블(Portable) 장비를 입원실로 가지고 들어와 검사하고, 그것이 불가할 경우 전문 이송인이 베드를 이용하여 이동을 완벽하게 돕는다. 서류 작업은 담당자가 필요 할 때마다 직접 입원실을 방문하여 처리하고, 내가 준비가 안 되어 있으면 다시 적절한 시간에 방문을 약속하고 돌아간다. 또한 심하다 싶을 만큼 깔끔하고 확실하게 청결을 유지한다. 환자만 사용이 가능한 병실 내 욕실/화장실이 있고, 세면도구는 병원에서 준 것을 사용하도록 하며, 비누와 샴푸도 소독 효과가 있는 것으로 채워주고, 매일 하는 샤워가 끝나면 3팩이나 되는 특수 항균 티슈로 몸을 닦게 한다. 하루에 한 번씩 모든 곳을 청소하고, 균을 제거하는 클로락스(CLOROX) 물티슈로 손이 닿는 모든 장비와 손잡이를 닦아낸다. 면역력 저하로 병균에 취약해져 있는 환자를 최선을 다해 배려하는 것이다.

얼마 지나지 않아 항암 치료의 부작용이 내 몸 곳곳에 나타나기 시작했다. 매주 항암 치료를 하는데 3주째가 되니 베개에 머리카락이 적지 않게 빠져 있었다. 남은 머리카락들은 온종일 누워 지내는 동안 베개에 박혀 따끔거렸다. 한 번의 샤워에 욕실의 배수구가 막힐 정도로 많은 머리카락이 우수수 내 몸을 떠났다. 내 큰 손으로 정말 한 움큼 가득 쥐어질 만큼이었다. 결국 아예 머리를 밀기로 하였다. 손가락 끝부분은 허물처럼 벗겨지기 시작했고, 손톱은 종이장처럼 쉽사리 찢겨져 나갈만큼 얇아져 쓸모없어진 모양을 했다.

어느덧 나타난 손가락과 발가락 저림 증세(말초신경병증, Neuropathy)가 시간이 갈수록 심해져 갔다. 말초신경이 항암제 때문에 손상되어 생기는 일반적인 부작용이라고 했다. 손가락이 마음대로 움직여지지 않았다. 전화를 들어 문자를 입력하는 것이 어려워지고, 양말을 신었는지 안 신었는지 느낌이 없었다. 진통제를 복용함에도 불구하고 갈수록 심해져서 발과 다리를 거쳐 엉덩이까지 무감각해지며 또 그 반대로 날카로운 통증이 동반되는 아이러니한 증상이 지속되었다. 신경이 고장난 것이다.

다리에 힘이 빠져 갔다. 너무 약해진 다리는 몇 걸음 걷는 것조차 어렵게 만들었다. 생활 터전인 남아공을 급히 떠나온 터라 정말 준비해 온 것들이 없었는데, 병원에 매여 있다 보니 무엇을 구하는 것이 쉽지 않았다. 그런 우리를 위해 병원을 방문해 주신 권사님 한 분이 우산, 먹거리, 비니 등 필요한 것들을 세심하게 챙겨가지고 오셨다. 머리가 다 빠지고 나니 실내에 있어도 추위를 많이 탔는데 그런 내게 비니는 아주 요긴한 선물이었다. 머리털이 가져다주는 보온 효과를 처음으로 깨닫는 기회가 되었다.

어느 날, 여행사를 운영 중인 친구에게서 안부를 묻는 연락이 왔다. 치료가 없는 시간엔 병원 건물 바깥을 산책하기도 한다고 했더니, 맛있는 점심을 함께 먹자며 다음 날 찾아왔다. 음식 먹는 게 쉽지 않았던 시기이지만 그래도 떠오르는 한 가지 메뉴가 있었는데 잘되었다 싶었다. 나는 환자복에 자켓 하나를 걸친 채 찾아온 친구와 함께 차로 20여분 떨어진 중국 음식점에 갔다. 대기줄까지 있었지만 오랫만에 식욕이 생겨 자리를 지켰다. 곧 차례가 되어 앉아 국수와 만두를 시켰는데 기막힌 일이 벌어졌다. 국수를 한 젓가락 먹으려 한 그 순간부터 기억이 나질 않는다. 친구 말에 의하면 갑자기 내가 기절해 쓰러졌다는 것이다. 잠시 후, 내 뺨을 때리며 소리 쳐 이름을 부르는 친구를 발견했다. 순간 멍했다. 놀랐다. 간신히 깨어 바로 부축을 받아 차를 타는 정신없는 찰나였지만 나는 절대 911(한국의 119)을 부르면 안 된다고 몇 번이나 친구에서 강조했다.

미국의 법에, 이미 특정 병원에 입원된 환자라 하더라도 병원 건물 밖에서 쓰러져 911의 도움을 받으면 무조건 해당 지역의 주립(또는 시립) 병원으로 이송되게 되며, 오랜 시간이 소모되는 까다로운 절차를 거쳐야 본 병원으로 돌아올 수 있는데 나 같은 위중 환자는 더 심각한 상황에 놓일 수 있기에 주의해야 한다고 했다. 더구나 주립 또는 시립 병원은 정부 운영기관이기에 USC와 같은 사립 병원과는 확연히 다른 의료 수준에 훨씬 복잡하고 느린 절차로 악명이 높다는 말을 들었던 기억이 있었기 때문이었다.

식당 내부에서도 난리가 났었다고 한다. 친구는 오히려 나보다 더 사색이 되어 서둘러 병원을 향해 운전을 했다. 몇 분 정도의 기절이었지만, 분주한 식당에서 식사 중 사망 사례로 남을 뻔한 사건이었으니 제대로 민폐를 끼친 셈이 되었다. 점심도 못 먹고 돌아온 병원에서도 우리를 본 간호사들이 곳곳에서 웅성거렸다. 담당 간호사가 들어와 병원 단지 내 산책까지는 허용이 되지만 바깥 외출은 원래 금지되어 있는데 어떻게 나갔냐고 물었지만 사실 나는 그렇게 들은 바가 없었다. 환자복을 입고 당당하게 나갔는데 아무도 나를 막아서지 않았고, 어느 누구에게도 그런 주의를 받은 적이 없다고 답했다. 무식하면 용감하다 했던가, 황당하고도 무지한 내 사건 이야기는 짧지 않은 기간 동안 병원 내에서 회자되었다. 한동안 들어오는 간호사들의 우스갯소리 섞인 인사가 "오늘은 안 나갔지?"였다. 그 이후에도 두어 차례 기절하는 순간들이 있었다. 항암이 몸을 많이 힘들게 했다. 경황없이 떠나온 남아공 거처를 정리하기 위해 아내와 작은아이를 잠시 보낸 뒤에 일어난 사건이다.

   가장 강도가 높은 항암 치료로 알려진 관해유도요법 시기를 21일만에 마쳤다. 여러 차례의 고농도 화학적 항암제 주사와 척수 주사, 그리고 수혈을 받으며 혈액 속에 있는 암세포를 사멸시키는 것이 목적인 첫 번째 치료 과정이 끝나고 곧 기쁜 소식이 날아들었다. 이름도 생소한 완전 관해(Complete Remission)에 도달했다는 것이다. 즉, 혈액 내에서 백혈병 원인이 되는 악성 암세포가 5% 이하로 줄어들어 완치 가능성을 기대할 수 있는 상태가 되었다는 의미라고 했다. 완전 관해에 도달하는가 못하는가는 백혈병 치료에 있어 무엇보다 중요한 결과이기에 의사도 간호사도 와서 박수까지 치며 축하한다는 인사를 하는데 그것이 얼마나 귀중한 결과인지 그때는 미처 몰랐다. 그것은 내가 백혈병 치료 가능성 35% 안에 들었다는 소식이었던 것이다. 드디어 이제 퇴원이 가능하며 외래환자로 앞으로의 공고요법 치료를 이어나가면 된다고 했다. 🖊

06.
연속되는 7년의 기적

다음 날, 드디어 퇴원이 승인되었다. 아직 치료의 초기단계에 지나지 않지만 병원에서 보낸 한 달여 기간을 돌아보며 많은 생각이 머리를 스치듯 지나갔다. 감사했다. 87kg을 넘기던 몸무게는 퇴원 시점엔 72kg 정도로 급격히 빠져 있었다. 바지 허리에 두 주먹이 들어갔다. 최고점을 찍은 이후 두 달여 만의 일이었다.

공교롭게도 퇴원하는 날인 1월 23일은 내게 큰 의미가 있는 날이다. 2012년 1월 23일, 정확히 7년 전 오늘이 바로 교회에서 만난 집사님께 나의 왼쪽 신장 하나를 기증했던 날이다. 한 사람의 생명을 살리고, 나 역시 살아난 날짜가 1월 23일이다. 병원에서 의사를 통해 장기 기증 과정의 실수나 부작용으로 인해 기증자도 사망할 가능성이 있다는 것을 여러 차례 들었지만 기증 의사를 굽히지 않았었다. 심지어 수술 당일 새벽까지도 취소할 수 있는 마지막 기회라며 정말 신장을 기증하겠냐는 질문에 "No Problem. Please go ahead!(전혀 문제없으니 진행해 주세요)"라고 답했었다. 죽어도 하나님께서 허락하신 의미 있는 죽음일 것이고 문제없이 살아난다면 새로운 삶을 선물로 받는 거라 여겼기 때문에 정말 담대할 수 있었다. 그때 내게도 새 삶을 주셔서 오늘에 이르렀는데, 하나님께서 그 일을 좋게 여기시고 내게 없었을 수도 있는 인생의 후반전을 다시금 기꺼이 허락하시는 건가 싶었다. 기막히게 맞춘 듯한 날짜가 하나님께서 베푸시는 기적임을 확증해 주는 것 같았다.

신장을 기증받은 집사님은 같은 교회에서 내가 섬기던 "아름다운 가족" 셀(구역 또는 목장) 공동체의 일원으로 함께하던 분이었다. 비슷한 연배의 교우 가정들을 셀로 묶어주던 그동안의 교회 정책에 비해 십 년이나 높은 연배의 형님이셨던 그분의 가정이 우리 셀로 배정이 된 것이 처음엔 좀 의아하게 생각되었기에 하나님께 그 이유를 물었었다. 그러던 어느 날 셀모임에서 기도 제목을 나누다가 그분이 신부전증으로 인해 거의 매일 투석을 받으며 어려운 시간을 보내고 있음을 알게 되었다. 신장의 기능 저하로 소변을 보는 것도 쉽지 않고, 몸에 연결된 튜브들로 인해 편히 샤워를 해 본 기억도 아득하다고 고백하는 그분의 눈에는 눈물이 고였었다. 아직 초등학생인 외동딸의 자라나는 모습을 오래 보지 못하는 것은 아닐까 마음 졸이며 지낸다고 하시며 신장 기증자가 나타나길 함께 기도해 달라고 떨리는 목소리로 부탁하셨었다.

다음 모임 때가 되어 그분의 간증이 이어졌다. 미국으로 유학와서 박사 학위를 받기까지 쉽지 않았던 약 7년이라는 시간을 얼마나 기도하며 달려왔는지, 그런 후 아내와의 사이에 아이를 주시기를 기도하며 또다시 7년을 기다려 사랑하는 딸아이를 얻었다고 했다. 고난은 7년씩 이어지고 결국 간절한 기도 후에 하나님께서 결실을 허락하시는 것 같다고 부부가 함께 이야기를 했었다. 이제는 더 바랄 것이 없다고 마음을 놓는데 다시금 집사님의 신부전증 판정으로 인해 또다른 고난의 장이 펼쳐졌다는 것이다.

나는 그분이 무탈히 나아서 회복되시기를, 신장 기증자가 어서 나타나기를 기도했다. 그런데 하나님께서 오히려 나에게 하시는 질문이 갑자기 귀에 들리는 듯했다. "네가 그 사람에게 기증자가 되어 주면 안 되겠니?" 가슴이 철렁 내려앉는 기분이었다. 설마 하나님께서 내게 이걸 원하셨던 걸까? 그로부터 얼마 후, 집사님이 병원에 입원하셨다는 소식을 들었다. 심장에 물이 차오르고 패혈증 증세로 심각한 상태에 있다는 안타까운 소식이었다. 급히 병문안을 가서 본 그분은 마지막 모습이 될지도 모를 듯, 실낱같은 기력조차 없이 잠들어 계셨다.

정말 하나님께서 내게 원하시는 것이 그것일까? 부담과 고민이 시작되었다. 짧은 지식이나마 장기 이식은 동일한 혈액형끼리만 가능하다고 알았기에 혹시나 했는데, 집사님의 혈액형은 나와 정확히 일치했고 일말의 요행을 기대했던 나를 무색하게 만들었다. 결국 나는 하나님의 목적이 거기에 있다면 피하는 것만이 상책은 아님을 깨달았다.

며칠 후 저녁, 잠자리에 들기 전 아내에게 지나가는 듯 소심한 목소리로 조심히 물었다. "차 집사님께 내가 신장을 드리면 어떨까?" 아내는 전혀 예상치 못한 기막힌 답변을 내어놨다. 자기가 신장 기증자로 나서기로 마음먹고 하나님께서 남편을 통해 응답해 달라고 기도했다는 것이다. 뒤통수를 세게 맞은 느낌이었다. 아내도 같은 혈액형이었을뿐더러 얼굴에 나타난 진지함은 그냥 하는 말이 아님을 어렵지 않게 알게 했다. 그 대답은 결국 나를 더욱 물러나지 못하게 했다. 남자가 되어 어떻게 아내에게 그런 일을 맡길 수 있나 싶었다. 우리는 곧 집사님 내외분께 의사를 전달했다. 그러나 그분들은 예상했던 반응과는 달리 오히려 손사래를 치며 가까운 사람에게 그런 부담을 지울 수 없다고 하시면서 거절하셨다.

사실 일전에 신장 기증을 약속했던 한 지인이 있었는데, 진행 중에 기증자가 마음을 바꿔서 오히려 더욱 힘든 경험을 하셨다는 걸 알았다. 혹여 사망자의 신장을 이식받을 기회를 얻는다 하더라도 이식받은 신장의 유효 기한은 십여 년 밖에 되지 않아, 주기적으로 새롭게 이식을 받아야 하기에 이 역시 쉽지 않은 일이라고 들었다. 하지만 가까운 지인에게, 특히나 아직 어린 자녀를 둔 내게 부담이 되는 일에 선뜻 답변을 줄 수 없으신 듯했다.

몇 차례 찾아가 진심으로 말씀드린 끝에 그분들은 결국 사전 검사를 위한 서류를 조심스러운 마음으로 전달해 주셨다. 30페이지가 넘는 영문 질문서였다. 전문 용어들이 가득한 그 서류를 사전을 뒤져가며 모두 기입하는 데 하루 반은 족히 걸렸다. 서류 제출 후에는 6개월간 총 12차례의 적합성 검사가 이어졌다. 병원에서의 검사는 짧게는 한 시간, 길게는 8시간이 걸리기도 하고, 채혈만 수십 차례에 이르는 검사를 마쳤다. 검사를 하는 담당 의사는 장기 기증이 한 사람을 살릴 수 있는 귀한 일이기는 하지만 수술 결과가 좋지 않거나, 수술 이후에도 기증받은 쪽에서 예상치 않은 거부 반응 등의 부작용이 있을 수 있고, 심한 경우엔 수술 과정 중에 기증자 역시 죽을 수도 있기에 원치 않으면 언제라도 거부할 수 있다는 것을 병원을 방문할 때마다 고지해 주었었다. 만일 내가 거부 의사를 밝히면 담당 의사의 권한으로 이식이 적합치 않기에 이식 절차를 취소한다고 말해 줄 수 있다고 했다. 취소 후에도 기부자와 수혜자 간의 관계에 문제가 없게 하려는 배려였다. 하지만 전혀 그럴 마음이 들지 않았다. 조금은 걱정되고 순간순간 두려운 생각이 들었던 것은 사실이지만 하나님께서 의도하신 일임을 확신하였던 터라 이미 내린 결정을 번복할 이유는 되지 않았다.

돌아보면 하나님께서 나를 통해 이 일을 이루시기 위해 준비시킨 것들이 많다는 것을 깨달았다. 예를 들면, 술이 체질에 맞지 않는 점이 그중 하나였다. 사회 초년 시절을 보내면서 어쩔 수 없이 함께한 술자리에서도 겨우 소주 반 잔에 얼굴이 빨갛게 달아오르고 한 잔이 넘으면 가슴에 통증이 느껴지는 특이 체질이었다. 적은 양으로도 취하고, 곧바로 쓰러져 잠이 들기에 동료들이 술자리만큼은 함께하길 즐겨하지 않았다. 그 덕에 한국에서의 오랜 직장 생활 중에도 동료들과 어울린 회식에 대한 기억이 별로 없는 건 아쉬움기도 했다. 결혼 초 기념일에 집에서 기분을 낸다며 아내와 마신 와인 한 잔에 내 몸 전체에 울긋불긋한 붉은 반점들이 가득한 것을 발견하고 깜짝 놀라기도 했다. 붉어지는 건 얼굴만이 아니었던 것이다. 그것이 바로 '알코올 알레르기'라고 했다. 그때부터 더더욱 술은 입에 대지 않았다.

담배도 피우지 않았다. 어릴 적 기억에 담배를 피는 사람들의 모습은 남들에게 큰 불편과 지장을 초래하는 이기적인 모습의 상징처럼 여겨졌기에 절대 흡연은 하지 않겠다고 다짐을 했었다. 나에게 한 오래된 약속이었고 지금까지 흔들림 없이 지켜 올 수 있었다. 또 한편으로 꽤나 활동적인 편이어서 많이 움직이고 다양한 운동 등으로 사람들과 비교적 건전하게 어울리는 것을 즐겨 했었는데, 이 모든 습관들이 건강한 신장을 만드는 데 도움을 준 것 같았다.

한 사람의 생명을 살리는 데 기여한다는 것은 정말 멋지고 큰 의미가 있는 일임에 틀림없다. 그 멋진 일이 나를 통해 이루어진다는 것은 영광스럽고도 오래도록 뿌듯한 일이 될 것이 분명했다. 하나님께서 담대함과 준비됨을 주시지 않았다면 어려웠을 일이지만 또한 하나님께서 뜻하신 일이라 믿기에 실패하지 않을 것이라는 확신이 있었다.

마침내 잡힌 수술 날짜는 2012년 1월 23일. 한국에서는 구정 설날이어서 한껏 들뜬 날이었다. 그런 분위기를 느끼기는 어려운 미국이지만, 나는 나름 기대와 흥분이 교차하는 기분을 충분히 느끼며 이른 새벽 병원으로 향했다. 짧지 않은 6시간의 수술을 마치고 마취가 풀리며 깨어났을 때 의사는 가장 먼저 수술이 잘되었다는 얘기를 전해주었다. 그 이야기를 듣고서 안도의 숨을 내쉬게 되었고, 굳어졌던 어깨가 풀리는 것을 느꼈다. 생각보다는 나도 모르게 긴장했던 모양이다.

간호사는 심한 통증 조절을 위해 링거에 연결되어 몰핀을 스스로 투입시킬 수 있는 버튼을 내 손에 쥐어 주었다. 최소 10분 간격으로 주입이 될 수 있도록 설정되었으니 통증이 심할 때 한 번씩 누르라고 했다. 환자를 위한 배려였지만 10분에 한 번씩 들어가는 몰핀이 만들어내는 이상 현상은 심한 통증보다 더 감당하기 힘들게 느껴졌다. 눈을 뜨고 있는데 앞에 지나가는 사람들이 환영처럼 보였고, 누워 있는 몸이 3~4층 되는 높이에서 바닥으로 또 옥상으로 오르내리는 듯 정신을 차릴 수 없었다. 차라리 통증을 견디는 게 낫지 않을까 싶어 간호사에게 몰핀을 제거해 달라고 부탁하고 6시간마다 한 번씩 먹을 수 있는 강한 진통제로 대신하기로 했다. 그런데 그건 엄청난 실수였다.

그야말로 죽을 뻔했다. 그렇게 아픈 게 있다는 걸 처음 알았다. 1~2초에 한 번씩 악물은 이 사이로 신음이 밤새 끊이지 않았다. 새벽에는 더 이상 참을 수 없어 긴급히 간호사를 부르고 미안하지만 몰핀을 다시 줄 수 없냐고 부탁했는데, 담당 의사의 허락이 없이는 어렵다며 의사의 출근 시간까지 기다리라는 답변이 돌아왔다. 정말 후회하며 보낸 1년 같은 시간이었다. 그렇지만 생각해 보면 그 고통은 정말 아픈 것이 무엇인지를 제대로 경험하기엔 아주 적절했다. 갑자기 떠오른 그분, 나를 위해 십자가에 매달려 겪었을 그분의 고통을 조금이나마 체험하는 기회가 된 듯했다.

그렇게 성공적인 이식 과정을 거쳐 내 몸에 있던 신장이 한 사람의 삶을 지금까지 지탱하는 데 도움을 주고 있다는 것은 생각만 해도 뿌듯하고 감사하다. 물론 어차피 나도 하나님께 받은 것, 그것도 두 개 가운데 하나를 나눈 것뿐이지만. 바로 그 사건이 완전 관해에 도달 하여 퇴원하게 된 날짜인 정확히 7년 전 1월 23일에 있었던 사건인 것이다. 누군가는 우연이라고 표현할 수 있겠지만, 나는 알고 있다. 이것이 하나님께서 우리 일상에 베풀어 주시는 끊임없는 기적이라는 것을. 우리가 하나님의 인도하심에 순종할 때 하나님이 먼저 일하시고 그 결과로 맺히는 귀한 생명의 열매라는 것을 말이다.

완전관해 소견을 받고 퇴원한 이후 교회의 선교관에 임시 거처를 허락받아 들어가게 되었는데, 서로 대화도 제대로 나누어 본 적이 없던 교회의 한 집사님께서 자신이 타던 자동차를 무상으로 선뜻 내어 주셨다. 할머니쯤으로 보일 오래된 차이기는 했어도 달리는데 큰 문제 없는 고급 세단이었다. 이런 차를 주시면서도 자신의 이름조차 알리기 원치 않으신 멋진 분 덕분에 선교지에 있다가 경황도 없이 돌아온 상황에서도 통원치료나 이동에 문제 없이 지낼 수 있었다. 참 감사했다.

매주 혈액 검사를 하고, 1~2주에 한 번씩은 항암 치료를 해야 하는 상황이 이어졌다. 하지만 매주 레이크 포레스트(Lake Forest)에서 LA

기부받은 스포츠 세단

동부에 위치한 병원까지 왕복 3시간 반을 다니는 일은 쉽지 않았다. 아니 정확히 말하면 몸 상태가 정상이 아닌 나에게는 가혹하리만큼 힘든 일이었다. 아내에게 천천히 부드럽게 운전하라고, 제발 쿵쿵거리지 말아 달라고 짜증을 내기도 하고, 부탁도 하고 사정하기도 했다. LA 주변의 길은 과속 방지턱도 있고 무엇보다 도로에 움푹 패인 포트홀(Pothole)들이 많아서 내가 운전했어도 덜컹거림을 피할 수 없었겠지만, 작은 충격에도 온몸의 근육과 장기에까지 느껴지는 통증은 견디기 힘들었다. 더구나 항암 치료 때문에 생긴 구토 증상으로 가다 서다를 반복하며 쉬어갈 수밖에 없어, 오가는 길은 예상보다 훨씬 긴 시간이 필요했다.

통원 치료 첫날 병원에 도착해 대기하는 동안, 앉아 있을 힘조차 없어 병원 통로에 있는 벤치에 누워 부끄러운 줄 모르고 잠이 들었다. 지나가던 병원 직원이 불쌍하게 보였는지 어디서 따뜻하게 데워진 담요를 가져다 덮어주었다. 체면이 문제가 아니었다. 아프고 힘들면 교양은 사치일 뿐 아무런 생각 없이 원초적인 본능만 남는 듯했다. 그 뒤로 늘 담요를 챙겨서 가지고 다녔다.

긴 시간을 오가며 병원에서도 오랫동안 대기하면서 오늘은 뭘 먹을까 생각하는 것이 유일한 낙이었다. 항암 치료로 음식을 거의 먹지 못하지만 어쩌다 떠오르는 음식이 하나 있으면 병원 진료 후 먹으러 갈 계획을 세우는 것으로 견뎌내기도 했다. 그러나 그렇게 원해서 먹으러 가게 되도 정작 음식이 나오면 몸이 받아들이지 못해 한 숟가락도 뜨지 못하고 그냥 나오기 일쑤였다. 그래도 그런 기대감이 통원 치료의 고단함을 조금이라도 잊게 해 주는 보상처럼 여겨졌다.

계속되는 항암 치료

　이후 8개월간으로 예정된 공고요법(Consolidation Period)이 시작되었다. 관해 상태를 공고히 하는 단계로 상대적으로 횟수와 용량을 줄인 항암제 투약이 진행되었다. 그 기간 동안에도 여전히 부작용으로 인해 열이 나고, 어지럽고, 조금만 걸어도 숨이 차고, 위생적으로 조리된 완전히 익힌 음식이나 통조림(무균 처리된 음식)만 먹을 수 있으며, 속이 매스껍고, 잦은 구토가 생기며, 설사가 항문 주위를 헐게 만드는 등 쉽지 않은 시간은 계속되었다. 그러던 중에 들려온 힘이 나는 소식은, 내게는 골수이식이 필요치 않을 것 같다는 의사의 소견이었다. 이대로 유지하며 회복이 되면 치료가 가능하다는 뜻이며, 골수이식으로 인해 요구되는 엄청난 비용 부담 역시 피할 수 있다는 정말 감사하고 반가운 소식이었다.

하지만 조금 부담스러운 소식도 있었다. LA 카운티에 위치한 USC 병원에서 치료를 받고 있었는데 우리의 거처가 선교관으로 옮겨지면서 거주지 주소가 오렌지 카운티로 바뀌어, USC병원에서 치료를 지속하는 것이 메디컬 보험의 처리 절차상 어려움이 있다는 연락을 받았다. 그동안은 응급환자로 분류되어 다른 지역 병원에서의 치료가 허락되었지만, 이제는 퇴원하여 외래환자로 구분되기에 전원을 요구하는 것이었다. 암 전문 병원으로 미국 내에서 최고 수준으로 인정받는 병원을 떠나는 것이 결정을 어렵게 했지만, 내 목숨은 하나님께 달린 것이지 병원의 인지도에 달린 것이 아니라는 생각에 오렌지 카운티에 있는 UCI(University of California, Irvine)병원으로 전원을 결정했다. 이 병원은 오래전 신장 이식 수술을 위해 여러 차례 다녔던 병원이라 익숙했고, 거리도 가까웠다. 이렇게 벌어지는 상황 또한 하나님의 이끄심이라 믿어 순종하니 이전한 UCI병원에서도 좋은 의사를 만나게 되어 또 감사했다. 인도계 미국인 여성 의사인데, 친절하고 경험도 많으며 무엇보다 환자의 상태와 이야기에 관심을 갖고 귀 기울여주는 남다른 마음씨를 가진 의사였다. 무엇보다 이제 더 이상 먼거리를 이동하며 힘들지 않을 수 있는 것이 가장 감사했다.

그사이 수도 없이 많은 수혈이 필요했다. 헤모글로빈은 수치상

13.5 이상이 정상이라고 하는데 5정도까지 떨어지니 너무 어지러워서는 것조차 쉽지 않았다. 또한 정상인의 경우 보통 15만에서 40만 정도가 되어야 하는 혈소판 수치는 겨우 2만 정도밖에 되지 않아 흰색 피인 혈소판을 지속적으로 수혈받았다. 지혈을 담당하는 혈소판 수치가 낮았기에 몸에 상처가 나는 것을 꽤나 조심해야 했다. 백혈구는 항상 부족했다. 보통의 고형암도 그렇지만 면역력 부족이 백혈병의 가장 큰 원인이 되었듯, 기나긴 치료 기간 동안 백혈구 수가 정상이 되었던 적은 거의 없었다. 그래서 무균실에서 유달리 외로운 병원 생활을 하게 만드는 것이 또한 백혈병인 것 같았다.

급성이라는 이름답게 치료에 촌각을 다투게 만드는 백혈병은 고형암과는 달리 기수가 없다고 한다. 큰 통증을 유발하지 않는 경우도 많아서 유난히 피로를 느낀다거나 상처에서 피가 멈추지 않아서 병원을 찾았다가 발견되기도 하고, 증세도 느끼지 못하다가 건강검진 시에 발견되어 급히 치료를 시작하기도 하는 등 일반적인 암과는 많은 면에서 다른 것 같다.

공고요법의 8개월 가까운 기간은 그렇게 어려움 속에서도 무탈히 감사하며 보낼 수 있었다. 🖋

08.
더 깊은 고난의 여정으로

2019년 10월 2일, 드디어 21번째 항암 치료를 마치며 무탈히 공고 요법 기간을 마쳤다. 그러고는 좋아하던 것도 잠시, 얼마 지나지 않아 갑작스러운 복통을 만났다. 백혈병을 진단받기 전의 기억을 상기시켜 불안하기도 했다. 가까운 곳에 위치한 일본 마켓 안 푸드코트에 가서 가족과 함께 우동 등 간단한 식사를 나눠 먹은 후 시작된 참기 어려운 통증은 집에 돌아와서도 계속되며 초단위의 신음을 멈출 수가 없게 했다. 음식이 잘못되었던 것일까? 하지만 함께 나눠 먹은 가족들은 전혀 문제가 없고 내게만 나타난 증세였다. 이를 어찌해야 할까? 이제 막 중요한 치료 과정을 마치고 한숨 돌리려는데 이것은 또 무엇일까? 혹시 재발 증세일까? 몸은 물론 머릿속까지 복잡해지며 고통이 배가 되는 듯했다.

아내는 응급실을 가자고 했지만 가기 싫었다. 항암의 부작용으로 여전히 이동도 쉽지 않았고 수없이 다녔던 응급실에 대한 불편한 기억도 편치 않았지만, 그보다 두려움 섞인 긴장이 앞을 막았다. 앰뷸런스를 불러 타고 가면 불편없이 갈 수 있고, 등록을 위한 4~5시간의 기다림 없이 응급실 침대로 바로 이송이 된다는 아내의 제안에도 천 달러가 넘는 비용을 여전히 나 때문에 정부가 감당하게 하는 것도 마음이 편치 않았다. 오지랖 넓은 생각이라며 한소리 들었다.

그렇게 참고 기다려도 나아지지 않는 통증으로 인해 결국 아내와 함께 응급실을 찾을 수밖에 없었다. 이번에는 진짜 담석증으로 인한 통증이 맞다는 소견에 한숨이 나왔다. 끝까지 오고야 만 담석증이 밉기도 했고, 한편으로는 백혈병 재발이 아닌 점에 대해 감사가 교차했다. 담석증으로 인한 고통이 산모가 아이를 낳는 고통과 맞먹는다고 하는데 벌써 몇 번째인지…. 익숙할 만큼 아파봤는데 전혀 익숙해지지 않았다. 담당 의사가 담낭이 터지기 일보 직전의 수준이라 응급수술을 해야 한다며 주치의를 찾아 수술 가능성을 확인해야 했다. 불행중 다행일까? 주치의인 혈액종양내과 의사(Hematologist)는 몸 상태가 수술이 불가능한 정도는 아니라는 소견을 보였다. 하지만 이것이 백혈병 치료 단계보다 더욱 심한 고난의 행군의 시작이 될 줄 누가 알았을까?

　담석증 해결의 유일한 방법이라는 담낭 제거술을 받으며, 그때부터 백혈병 치료 과정보다 절대 쉽다고 할 수 없는, 몇 차례의 사선을 넘나들게 만드는 상황이 시작되었다. 응급실을 통한 입원 후 수술 일정이 미뤄져 며칠을 식사도 못 하고 기다린 후에야 드디어 배에 5개의 구멍을 뚫어 진행하는 복강경으로 담낭 제거술을 받았다. 수술은 잘되었다고 하지만 담낭 외에 췌장으로 연결된 관들 속에서 발견된 돌까지 관 밖으로 밀어내는 ERCP(내시경 역핵성 췌담관 조영술)라 불리는 2차 수술을 하게 되었다. 하지만 이 수술 도중 부득이하게 췌장을 건드려 민감한 췌장을 화나게(Upset) 만들었다는 집도의의 의견이 들려왔다. 'Upset'이라는 표현 자체가 익숙치 않았지만 아마도 수술 중 실수로 예상보다 많이 건드려 상처가 났다든가 하는 정도로 들렸다. 그런데 이것이 췌장염으로 확장되어 문제가 심각해질 수 있는 것 같았다.

　담낭 수술을 마치고 며칠이 지났는데도 담낭액이 복부 바깥 배출구로 흘러나왔다. 예상보다 많은 양이 지속적으로 나오고 있었지만 집도의는 이 부분을 간과한 듯 가볍게 여기고 레지던트에게 배출구를 막는 시술을 맡겼다. 두 명의 레지던트가 들어와 처음이라는 레지던

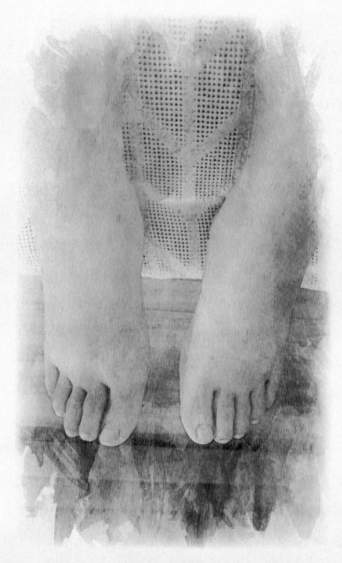

수액으로 부어오른 발

트에게 배출구를 두어 바늘 간단히 꿰매도록 한 후 "별로 어렵지 않지?" 하고 웃으면서 입원실을 떠났다. 하지만 꿰맨 부위에서 계속 흘러나오는 액체를 수거하기 위해 다시 작은 주머니를 달아 놓고 얼마간 지켜보던 간호사는 많은 양에 적잖이 놀라며 500ml짜리 큰 주머니로 바꿔 주었다.

게다가 수술 과정 중에 장기에 무리가 가는 것을 고려하여 많은 수액을 급히 주사하였는데, 그 양과 속도를 감당하지 못하고 몸의 이곳저곳이 부어오르기 시작했다. USC병원에서 이미 경험했기에 수액을 급히 넣을 경우 몸이 붓고 통증이 생기는 체질이라는 것을 수술 전부터 분명 전달했는데, 경험이 많지 않은 레지던트는 췌장 보호의 이유를 들어 짧은 시간 동안 너무 많은 수액을 몸속에 주입했다. 단 며칠만에 몸이 풍선처럼 부풀었다. 손가락과 발가락은 소시지처럼 퉁퉁 부어 주름을 찾을 수 없었고 다리는 접히지도 않았으며, 살과 살이 닿는 부위는 남김없이 에는 듯 정말 아팠다. 통증에 강한 편인 내게도 쉽지 않은 고통이 이어졌다. 이대로 있으면 안 될 것 같았다. 백혈병도 겪고 살아났는데 이러다 죽는 거 아닐까 하는 생각이 들었다. 계속 기다려도 병원에서는 뭔가 해 주는 것이 없었고 기다리면 몸에 찬 물이 빠질 거라는 이야기뿐이었다. 하지만 병원에서는 몸에 물이 다 빠지지도 않은 상태에서 퇴원 수속을 시작했다.

퇴원하고 난 이후 열과 통증, 붓기로 인해 정신을 못 차리는 상태가 지속되었다. 결국 이틀만에 집에서 가까운 호그(Hoag)병원 응급실을 다시 찾았다. 이번 수술과 치료를 담당한 UCI병원의 의료진들이 너무 이해가 되지 않았고, 가능하다면 다른 의사로부터 소견을 받아보고 싶었기에 집 근처의 다른 병원을 선택한 것이다. 아니나 다를까 몸 전체가 과도하게 부었다고 하며 붓기 빼는 약을 주사해 주었다. 이때 내 몸무게는 100kg이었다. 불과 10일 전 담석증으로 UCI병원에 입원할 때가 76kg이었으니 단 열흘만에 몸무게가 24kg 이상이 증가한 것이다. 이것도 지난 며칠 동안 줄어든 것이었다. 그러나 안타깝게도 호그병원에서는 보험 문제상 더 이상의 치료는 불가능하다고 하여 집으로 돌아갈 수밖에 없었다.

집으로 돌아온 뒤 의사가 처방해 준 붓기 빼는 약을 복용하면서 수액으로 인해 과도하게 부풀었던 몸은 점점 정상으로 돌아오고 있었다. 그러나 고열과 함께 구토가 시작되었고 마침 백혈병 주치의와의 정기 검진이 있어 찾게 된 UCI병원에서는 나의 상태를 보더니 곧바로 응급실로 보내 다시 입원 절차를 밟게 했다.

입원 후 계속되는 엑스레이, 초음파 그리고 CT 촬영 후, 췌장이 만들어 낸 가성낭종(Pseudocysts)들이 2개 이상 배에 있다는 진단을 받았다. 하나는 췌장 뒷편, 하나는 배의 우측 하단에 있다고 했다. 낭종 내에 있는 물을 확인하여 빼내고 이 가성낭종들이 자연적으로 없어지길 바란다고 하면서 이는 4~6주를 기다려 봐야 알 수 있다고 하였다. 하지만 의사의 소견을 전적으로 믿기 힘들었다. 배의 우측 하단에 있는 두 번째 낭종은 지난번 담낭 제거술을 받은 후 나오는 담낭액이 흘러나오던 것을 너무 일찍 막아 배 안에 쌓여 생겨난 것임이 틀림없다고 생각되었다. 그 이후 만났던 여러 의사들 역시 췌장으로 인한 낭종이라 보기엔 위치와 형태가 일반적이지 않다고 인정하였기에 의심은

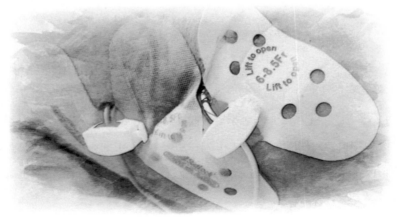

신장과 옆구리 꽂아놓은 관

확증으로 바뀌어갔다. 하지만 수술을 담당했던 의사는 어딜 갔는지 그 이후 얼굴도 비추지 않았다.

두 번째 낭종 제거를 위해 옆구리를 10cm가량 깊이 째고 모두 제거해 내었지만 결국 그로 인한 패혈증으로 이어져 사선을 넘나드는 경험을 하게 되었다. 고통의 나날이었다. 계속된 수술과 시술은 멈출 줄 모르고 이어졌다. 대부분 전신마취를 요하는 수술이어서, 다음 수술이 있기까지 며칠의 시간이 있을 때마저도 나는 정신을 차릴 수가 없었다. 이후 4개월 정도를 입원해 있으면서 받은 수술과 시술이 20여 회를 넘겼다는 것을 아내를 통해 알게 되었다.

그렇게 수술이 진행된 기간의 기억이 거의 없었다. 매일 매일 엄청난 약과 주사제를 투약 받으며, 몇 달간을 먹지도 마시지도 못 하는 상태였다. 견디는 내내 몸과 정신은 모두 바닥을 쳤다. 일어나 화장실을 가는 것도 불가능해 침대 위에서 대소변을 처리하는 데도 혼자 몸을 돌리는 것조차 불가능했고, 환자의 상태 확인을 위해 수시로 묻는 간호사의 질문에 대답하는 것 또한 혼미한 정신 탓에 엉뚱한 대답을 하곤 했다고 아내가 이야기해 주었다. 내 이름이 무엇인지도, 올해가 몇 년도인지도, 지금 있는 곳이 한국인지 미국인지도 몰라 말도

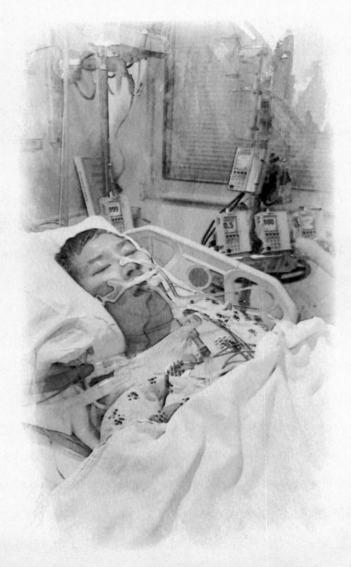

사경을 오가던 순간

안 되는 답변을 웅얼거리기 일쑤였다. 중환자실에 있을 땐 내가 우주선에 갇힌 채 외계인들의 관리를 받으며 지낸 것처럼 지금껏 기억되고 있을 정도이다. 아내가 내 기억을 되살려 주려 지난 이야기를 들려주면 그제서야 가물가물 일부가 떠오를 뿐이었다. 하루 온종일 잠에서 깨어나지 못하고 사람들이 찾아와도 거의 알아보지도, 기억하지도 못했다. 잠을 자는 중에 꿈의 바다에라도 빠진 듯 잘 때는 깬 것처럼 느껴졌고, 깨어 있을 때는 자는 것처럼 느껴지기도 했다. 살아도 산 것 같지 않은 너무나 힘든 시간이 이어졌다.

먹지도 마시지도 못했지만 언제 수술이 필요한 상황이 될지 몰라 링겔로 최소한의 수분과 영양분을 공급받을 뿐이었다. 어느 정도 상황이 나아진 듯했을 때 의사가 음식을 먹을 수 있도록 허락해 주었지만 그때는 먹히지가 않았다. 아니 음식을 생각하기도 싫었다. 수시로 올라오는 구역질이 힘들게 했고, 모든 음식의 맛이 이상할 정도로 변했다고 느껴질 뿐이었다. 몇 차례 미숫가루나 아침 햇살 같은 곡기가 있는 음료를 마신 것 외에는 6개월가량 단 한 번도 식사를 하지 못했다. 이렇게까지 굶어도 사람이 죽지 않는다는 것을 처음 알게 되었다. 예상치도 원치도 않았던 이유 때문에 키가 180cm에 가까운 나의 몸무게는 61kg까지 줄어들었다.

몸은 6~7개 정도의 튜브를 달아 문어처럼 변했다. 췌장염으로 생긴 가성낭종의 체액을 빼내는 튜브, 소변 배출이 되지 않아 신장에서 바로 소변을 빼는 튜브, 음식물 주입을 위한 튜브, 그 음식물 주입 튜브를 잘못해서 추가로 하나 더 삽입한 튜브, 구토를 막기 위한 튜브, 만일의 경우 신장 투석을 하기 위한 삽입관 그리고 주사약 투입을 위한 중심 정맥관(PICC line) 까지. 사람이 이 정도까지 만신창이가 될 수도 있구나 싶었다. 미국에서는 이런 사람을 외계인이라고 부른다는 어느 간호사의 이야기에 쓴웃음을 지을 수밖에 없었다. 수술을 모두 마친 복부 곳곳에는 총 15개나 되는 수술 흉터가 영광도 없는 상처로 남아 있다. 모르는 누군가가 나의 벗은 상체를 보면 칼부림 꽤 경험한 조폭 일원이라 여길쯤은 될 듯싶었다. 모두 이미 벌어진 일, 어디다 하소연할 수도 없이 그저 무탈히 잘 낫기만을 바랄 뿐이었다. 🖋

누구도 예상치 못한 팬데믹

그렇게 오랜 시간 병원에 입원하여 사투를 벌이고 있는 동안, 엄청난 전염성을 가진 코로나바이러스감염증-19(Covid-19)로 유래없는 상황이 전개되었다. 전혀 예상치 못한 이 사건은 종말의 전조를 보는 듯했다.

UCI병원에서 브레아(Brea)에 있는 킨드레드(Kindred)병원으로 전원되어 남은 치료를 받으며 머물던 2020년 3월 17일, 정부의 락다운(Lockdown) 선포로 세상은 그 자리에 멈춰 선 듯 모든 이들은 자의적 타의적으로 고립되었다. 간병인은 물론 가족의 병원 출입조차 금지되었고, 거의 모든 업소가 문을 닫았다. 공공장소에서도 3m 간격을 유지해야 했고, 외출 시 마스크 없이는 누구도 대면할 수 없었다. 심지어는 공업용, 생화학용 마스크나 미세먼지 방지용 마스크를 두세 개씩 겹쳐 쓰는 사람도 TV 뉴스를 통해 곳곳에 보였다. 많은 중소 사업체들이 큰 타격을 입고, 공공기관의 업무 또한 제대로 돌아가지 않았다. 출근 개념이 사라져 가고 재택근무가 일반화되었다. 교회 모임도 금지되었다. 코비드로 인한 사망자 소식들이 연일 뉴스의 헤드라인을 장식했다. 나라마다 수만 명에서 수십만 명의 누적 사망자로 인해 일반적인 시신 처리가 불가능한 상황이 되고, 검은 쓰레기 비닐백에 싸여진 처참한 형태의 시신들이 병원 주변과 쓰레기장 주변까지 놓여지는 공포 영화 같은 일이 지속되었다. 비행기가 뜨지 않았고, 국경이 폐쇄되었다. 지인들의 안타까운 소천 소식도 SNS를 채워 나갔다. 어떻게 이런 일이 있을 수가….

어차피 병원 침대에 의지하여 하루하루를 보내던 나는 지루하기 그지없었지만 한편으로는 지루함조차 느낄 수 없을 만큼 심각한 증상의 환자들도 있음을 인식하면서 감히 어떻게 불평을 하랴 싶었다. 그러나 내게는 코비드 상황 이전부터 시작된 락다운이기에 사실 더 힘들게 느껴졌다. 하루 온종일 침대에 누워 있기를 3달째가 지날 무렵엔 손가락도 잘 안 움직이고 발과 다리도 아프고, 관절도 아파서 전화기도 제대로 못 들고, 심지어는 용변을 봐도 느끼지 못하는 상황이 이어졌다. 몸 여기저기에 연결된 튜브들이 조금만 움직여도 걸리적거리고 불편했다. 락다운 기간 동안은 옆에서 도와주던 아내마저도 없으니 답답함이 몇 배를 더했다. 아내는 아침, 점심, 저녁으로 전화를 했다. 안절부절한 마음이 느껴져서 나 역시 마음이 아팠다. 하필이면 입원실 위치가 휴대폰 전화 시그널이 없는 곳이어서, 팔도 잘 닿지 않는 곳에 걸려 있는 때 묻은 유선전화를 간신히 끌어와 가슴 주변에 고이 모시듯 가지고 있다가 아내의 전화를 받는 것이 혼자 병실에 남은 나의 유일한 낙이 되었다. 그래도 감사해야지 하며 자기 최면을 걸었다. 하나님의 선하신 뜻이 있으시겠지 믿으며 말이다.

사실 이 기간 동안 병원에 있는 것이 그 어느 때보다 힘들었다. 응급실을 통한 입원 이후 정확히 99일만에 간신히 퇴원할 때까지 24시간 내내 꿈쩍도 하지 못하는 몸으로 누워 하루하루를 보내는 것은 정말 큰 고통이었다. 정신은 멀쩡한데 몸이 말을 안 들어 침대에 누워만 있는 것이 특히나 괴로웠다. 어떤 음식도 먹는 것이 어려워 음식을 거의 입에 대지 못했는데 그나마 먹을 수 있는 거라고는 특이하게도 얼음이 가득 찬 소다수가 유일했다. 하루의 끼니를 오렌지 소다 음료 두어 잔으로 때웠다. 배출을 위해 위장에 연결된 관을 깜빡 잊고 잠그지 않은 채 소다 음료를 마시다가, 음료가 위를 거쳐 투명한 관을 통해 고스란히 몸 밖으로 빠져나가는 것을 목격하는 진기한 경험도 했다.

항생제 투입도 끝났고, 더 이상 병원에 머물 필요가 없이 집에서도 후속 조치가 가능한 상황이 되었지만 의사는 이상하리만큼 퇴원을 미루었다. 퇴원의 조건을 까다롭게 제시했고, 급기야 회진을 돌면서도 내가 있는 병실에는 오지도 않기 시작했다. 퇴원 조건 중 일반 식사가 가능해야만 하고 걸을 수 있어야 한다는 것이 있었기에 나는 어떻게든 먹기 위해 사투를 벌였고 재활 치료도 열심히 받았다. 먹기 힘든 음식을 어떻게든 먹어야 하는 고통이 있다는 것을 처음 알았지만 간호사들이나 영양사들이 끼니때마다 식사를 마친 접시를 확인했기에 난 더욱 열심히 해야만 했다. 사실 그때 입원 중이던 병원은 회복(Rehabilitation)을 위한 병원으로 딱히 치료와는 관계없이 환자들의 일상 복귀를 돕는 차원의 관리를 전담하는 병원이었다. 아마도 보험관계 때문에 입원 일수를 조절하느라 퇴원 처리가 지연되었던 것 같았다.

그러던 어느 날, 갑자기 신장 수치가 위험 수치까지 도달하게 되어 급하게 UCI병원으로 옮겨지게 되었다. 신장이 하나밖에 없던 터라 만일의 경우 투석을 해야 하기도 했고, 내 주치의가 UCI병원에 있기 때문에 응급 상황에 처하면 UCI병원에서 조치를 받아야만 했다. 다행히도 소변 배출을 위해 신장에 직접 꽂아놓은 튜브가 꺾이는 바람에 생긴 일시적 현상이었고 신장에는 큰 이상이 없었다. 튜브를 정상적으로 회복시키자 신장 수치는 다시 안정이 되었다. UCI병원에서의 조치를 마친 후 퇴원이 가능해지자 담당 간호사가 다시 킨드레드병원으로 돌아가길 원하는지 아니면 집으로 돌아가길 원하는지 물었다. 퇴원을 지연시키던 킨드레드병원을 벗어나 집으로 돌아갈 수 있는 절호의 찬스였다. 당연히 나는 몇 번이나 "집"을 외쳤고, 간호사가 보호자인 아내에게도 같은 대답을 듣고서 드디어 집으로 돌아갈 수 있었다.

2021년 4월 3일, 집에 돌아오는 것이 그렇게 반갑고 즐거울 수 없었다. 아내와 아이들은 내가 돌아와 편히 지낼 수 있도록 2층 안방에 두었던 유난히 무거운 철제 침대를 1층 거실로 옮겨 두었다. 집에 돌아와 그 침대에 눕는 순간 너무 감격스러워 힘이 솟는 듯했다. 그 침대는 교회 셀모임에서 만나 오랜 세월 동안 가족보다 가까이 우리 옆에 머물러 주던 친구 집사가 선물해 준 환자용 전동 침대였다. 처음 이야기할 때는 뭐 그런 특별한 침대가 필요하겠냐고 그러지 말라며 계속 사양했었다. 그러나 그 침대가 없었다면 어쩔 뻔했나 싶을 만큼 내게 큰 도움이 되었다. 전동 침대는 거동이 어렵고 오랜 시간 투병하는 환자들에게는 없어서는 안 될 중요한 것이었다.

10.
약함과 고통은 어디까지

입원 치료를 끝내고 집에서 통원하며 항암 치료를 받던 시절, 안방이 2층에 있어 힘들었던 적이 있다. 거동이 힘든 그때, 정기 검진과 항암 치료를 위해 병원에 가야 하는 날은 엄청난 고난의 시간이었다. 별로 크지 않은 집이었지만 2층에서부터 열여섯 개의 계단을 내려와 자동차에 타기까지 1시간이 걸렸다고 하면 믿을 수 있을까? 침대에서 일어나는 것도 혼자서는 불가능하던 시기에, 가족들의 도움을 받아 간신히 바퀴 달린 의자에 옮겨 앉아 아이들이 밀어 계단 앞까지 이동한 후 두터운 담요를 계단에 깔아 한 칸 한 칸 엉덩이로 내려왔다. 온몸의 마디마디가 모두 끊어지는 듯한 고통이었다. 복용했던 30여 가지 약들 가운데 10여 가지가 진통제였을 만큼 다양한 통증이 있던 무렵이었고, 중독성 고용량 진통제를 먹고도 가시지 않는 통증으로 그렇게 힘들게 내려와 겨우 자동차에 옮겨 탈 수 있었다.

아내는 그때 앰뷸런스를 부르자고 했었다. 그러나 정부에서 보조해 주는 의료보험으로 지불이 되지만 아무리 내 돈이 아니어도 엄청난 비용이 발생하는 것을 알기에 더 어려울 누군가에게 전해져야 할 혜택을 빼앗는 것 같아 너무 미안했다. 그래서 거절하고 어떻게든 내 힘으로 내려가는 것을 택했었다. 그러나 그것은 내 힘이 아니라 오롯이 아내와 아이들의 고생이었는데도 순둥이 아내는 매번 내게 져주었다. 내 고집이 나 역시 힘들게 했다. 나중에는 그렇게 한 시간 동안 걸리던 차량 탑승방법도 불가능하여 결국 앰뷸런스를 불렀다. 두 명의 건장한 구급대원이 2층 방으로 올라와 이동이 가능한 접이식 침대에 나를 가뿐히 옮겨 눕히고, 아무 어려움 없이 아랫층까지 내려와 단 5분 만에 나를 차에 태웠다. 기막히게 신속하고 간단했다. 감동스러울만큼 편했다. 아내와 아이들에게 고생을 끼치지 않아 몸도 편했고 마음도 편했다.

그런데 나에게는 앰뷸런스가 떠올리게 하는 가슴 아픈 기억이 있다. 팬데믹으로 병원이 락다운되어 아내가 더 이상 나를 돌보러 오지 못하게 되었을 때, 나는 주요 검사 일정이 있을 때마다 앰뷸런스를 타고

UCI병원으로 이동했었다. 그러면 아내는 내 일정을 미리 확인하고 시간을 맞춰 UCI병원 주차장에 와서는 내가 탄 앰뷸런스가 오기를 기다렸다가 검사받으러 들어가고, 검사가 끝난 뒤 다시 나오는 그 짧은 순간 나를 만나고 내 손을 잡아 주었다. 그렇게 검사를 마친 나는 다시 앰뷸런스에 태워져 입원해 있던 병원으로 돌아가면서 차창 밖에서 보이지 않을 때까지 손을 흔들어 주던 아내의 눈물을 기억한다.

오랜만에 퇴원하여 집으로 돌아오던 어느 날은 염치 불구하고 지인들에게 부탁을 드린 적도 있다. 집 앞에 도착하면 차에서 내려 2층 방까지 올라가는 것을 도와달라고. 그분들은 기꺼이 먼 길을 달려와 나를 업어 2층 침대에 눕혀 주고 돌아가시기도 했다. 그리고 보니, 몸무게가 60kg 밖에 되지 않았던 때에는 큰딸의 등에 업혀 2층에 올라갔던 기억도 이제야 갑자기 떠오른다. 부끄럽고 민망한 일이지만 더없이 고마웠다. 몸이 많이 나아졌을 즈음에는, 작은딸과 팔씨름을 했는데 턱없는 힘으로 완패했던 일도 있다. 어떤 모습을 보아도 정상적인 성인 남성으로 보긴 어려울 만큼 체력이 약해져 있는 시간을 지나왔다.

신장에 꽂아 소변을 배출하던 신루관이 빠져 두 번이나 응급실에 가서 전신을 마취한 후 재수술을 받기도 했다. 쉽게 빠지지 않도록 살갗

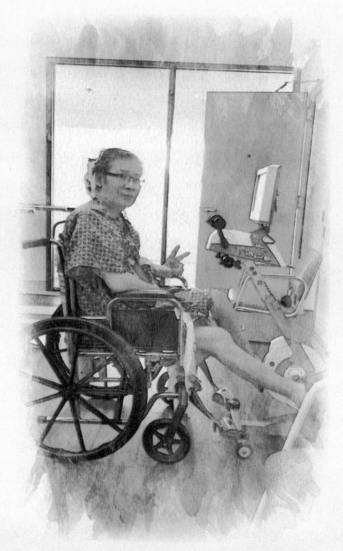

물리치료 첫 날

을 뚫어 관과 함께 실로 꽁꽁 묶어놓아도 움직이다 무언가에 걸리면 떨어져 나갔다. 혈전으로 인해 한쪽 다리가 코끼리처럼 부어 응급실에 간 적도 있다. 이 때문에 며칠간 다시 병원 신세를 지고 고가의 혈전약을 2년 가까이 복용해야 했다. 수술을 마치고 돌아온 어느 날은 유독 어깨가 너무 아프고 양쪽 팔을 움직일 수가 없었다. 전신마취 중에 차가운 철제 침대에 몇 시간을 누워 수술을 받은 탓이었는지 손을 허리 높이만큼도 들 수가 없었다. 그 통증은 3개월 넘게 지속되다가 서서히 사라졌다. 그래도 지난 고통의 강도에 비하면 별것 아니었기에 그다지 불편을 느끼지 못하고 지나갔다. 고통에도 내성이 생기고, 큰 고통을 경험한 이후에는 작은 고통에 무뎌지기도 하는 것 같았다.

퇴원을 앞두고 의사와 물리치료사의 조언에 따라 조금씩 운동을 시작했다. 오랫동안 움직이지 않다가 운동을 시작하니 처음에는 너무 고통이 커서 하고 싶지 않았다. 물리치료사가 올 때쯤이면 자는 척도 하고, 없는 이유를 만들어 내기도 했다. 재활은 꽤나 고통스러운 과정이었다. 특별한 능력과 기술을 배우는 것이 아닌 침대에서 일어나는 것, 의자에 앉는 것, 걷는 것들을 다시 배우는 일일 뿐인데 그렇게까지 힘들 수 있을까 싶었다. 하지만 조금씩 익숙해졌다. 침대에서 일어나 앉지도 못하는 나를 안전벨트 같은 것으로 묶어 일으키고 휠체어에 앉혀 재활실로 데려가 주었다. 그리고 휠체어에 앉은 채로 실내 자전거 페달을 밟는 가벼운 운동을 시작했다. 3분, 5분, 10분…. 날이 갈수록 시간이 늘어났다. 어느 정도 힘이 길러졌다 싶으니 가슴에 채운 벨트를 뒤에서 잡아 들어 올리고, 휠체어에서 일어서 한 걸음이라도 내 힘으로 걷도록 했다. 처음엔 바람 빠진 고무 풍선처럼 주저앉기도 하고, 고장난 장난감 로봇처럼 무릎이 꺾이기도 했지만, 한 걸음이 두 걸음이 되고 두 걸음이 열 걸음, 곧 스무 걸음으로 늘어나며 완전히 소실되었던 근육들이 아주 조금씩 살아났다. 다시 걷는 게 가능할까 싶은 의심도 들었었기에 이렇게 나아지는 과정이 신기하기도 하고 감사하기도 했다.

11.
어쩌다 익숙해져 버린 패혈증

최근 수십 페이지나 되는 나의 병원 진료 기록을 천천히 살펴볼 기회가 있었는데 내가 그동안 패혈증을 세 번이나 겪었다는 것을 발견했다. 패혈증이 무엇인지 잘 몰라도 백혈병 치료 중 사망에 이르는 가장 큰 원인이라고 어디선가 읽은 기억이 났다. 몸속에 있는 혈액이 세균이나 곰팡이, 기생충 그리고 바이러스 등에 감염되어 고열이 나고 맥박이 빨라지며, 혈압이 낮아지는데 이로 인해 장기가 손상되거나 쇼크에 다달아 사망에 이른다고 한다. 패혈증 증세가 나타나면 즉시 의료적 대응이 필수인데 시간이 늦어질수록 사망율을 급격히 높이며 하루만 지나도 심각한 상황에 이를 수 있다고 한다. 누군가 이야기한대로 한 번 걸리면 95%가 사망하기도 한다는 패혈증에 그토록 여러 번 걸리고도 살아있는 게 신기했다. 바로 기적을 지금 경험 중인 것이다.

패혈증으로 화씨 104도(섭씨 40도)가 넘는 열에 혈압이 겨우 73에 45인 때가 있었다. 정신을 차리지 못하는 상태에서 신속히 혈압을 높여야 하는 응급 상황이었다. 이미 몸에 주사액 주입을 위해 꽂아 놓은 바늘은 너무 가늘어 혈압을 높이기 위한 주사액을 주입할 수 없다며 목을 통해 심장까지 이어지는 관을 삽입하는 시술을 하기도 했다. 상태가 심각했기에 마취도 불가능했다. 목의 옆 부분에 구멍을 뚫고 관을 삽입하는 동안 감을 수도 없는 눈에서는 나도 모르게 눈물이 흐르고 컥컥거리며 간신히 숨을 몰아쉬었다. 그러는 동안 의사는 관을 심장 방향으로 계속 밀어 넣었다. 정신조차 가다듬기 힘든 실오라기 같은 생명을 유지하던 순간들이었다.

그렇게 백혈병으로, 담낭 제거 부작용으로, 패혈증으로 여러 차례 죽음의 문턱을 경험했다. 그래서 살아있는 것이 감사하기도 하지만 죽음과도 친숙해진 듯하다. 오히려 죽음을 가까이서 마주해 본 이후이기에 매일의 아침을 맞는 것이 이렇게나 감사할 수가 없다. 사실 죽음은 내 몸을 구성하고 있는 형질이 기존의 모습으로 돌아가는 과정일 뿐 너무도 자연스럽고 평범한 사건에 지나지 않는다. 나를 이루고 있는 몸과 떨어져 나갈 영혼은 보이는 것과 상관없이 여전히 존재하게 되며 또 다른 세계로 옮겨져 가는 것일 뿐이다.

잠시 잠깐 머무는 이 땅에서의 나그네와 같은 삶으로 우리의 영원한 미래가 결정된다. 그 짧은 생에 전부를 걸고 무모하리만큼 마음 편히, 이 땅에서 누리는 부귀영화만을 위해 근시안적인 삶을 살아서는 결국 후회밖에 남지 않을 고통이 기다리게 된다. 죽음 이후의 영원한 삶을 믿는 이들은 이 생의 기회를 허투루 보내버리는 일은 없을 것이다. 창조의 목적에 어울리는 가치 있는 일에 목숨을 걸어야만 한다. 나의 남은 삶 또한 그렇게 의미 있게 소멸되어지길 간곡히 바란다. 🖋

12.
그야말로 뼈를 깍는 아픔

골수 검사(Bone Marrow Biopsy)의 이야기이다.

꽤나 긴장하게 만드는 시술이었다. 간호사가 먼저 주사로 몰핀을
놔주었다. '몰핀이 필요할 정도라…. 혹시 죽도록 아픈 것은 아닌가?'
하는 두려움이 살짝 들었다. 의사는 내게 돌아 눕도록 청한 후 환자복
을 걷어 손으로 허리 아래의 정확한 골반 타공 위치를 찾은 다음 마취
제를 주사한다. 조금 따끔할 거라고 말하는데 사실 따끔이라고 표현
하기엔 적절하지 않은 통증이 있다. 가끔은 간호사들이 이런 표현을
사전 고지하지만 정말 당사자가 경험을 해 보기는 하고 말하는 건가
싶기도 했다. 곧 바늘을 통해 주사액이 주입되는 이상한 느낌은 더욱
긴장하게 만든다. 그러고는 우선 날카로운 칼로 찔러 뼈에 닿는 부위
까지 구멍을 낸 후, 수동 핸드 드릴 같은 것을 이용해 뼈를 뚫는다. 묵

직한 압력이 느껴지며 '긁 그긁' 하는 소리가 몸의 진동과 함께 들려온다. 뒤돌아 있어 내 눈으로 볼 수 없는 게 천만다행이다. 깊이 들어가는 중에 갑자기 다시 심한 통증이 느껴지면, 또다시 마취제를 투입한다. 그런 후 주사기를 이용해 적정량의 골수액를 채취한 다음 손가락으로 눌러 지혈한 후 넉넉한 크기의 밴드 에이드(Band aid, 대일밴드)를 하나 붙이고 마무리한다. 가냘픈 체구의 여의사는 괴담의 주인공처럼 눈 하나 깜짝하지 않고 그 일을 해치워 버린다. 무섭다.

한 달 뒤 두 번째 골수 검사 때는 몰핀을 맞았던 것을 잊어버리고는 "몰핀이 필요할까요?"라는 질문에 없어도 될 것 같다고 했다가 정말 생으로 고통을 느꼈더랬다. 하지만 이어지는 다섯 차례의 골수 검사를 받는 동안 이것도 서서히 익숙해져 갔다.

정확한 종류의 백혈병 확인을 위해 시작한 골수 검사는 그 이후로도 병의 진행상황을 확인하기 위해 여러 차례 계속되었다. 만일 골수이식이 필요한 상황이 되면 더욱 많은 횟수를 경험해야 했겠지만 정말 감사하게도 그 단계까지는 가지 않았다. 그래도 최근의 골수이식 절차는 훨씬 간소화되었다고 한다. 이전에는 제공자도 이 골수 검사 과정과 유사한 방법으로 골수를 채취해야 했지만 지금은 혈액 투석하듯이 주삿바늘만 꼽고 몇 시간 앉아있으면 된다고 하니 참으로 다행한 일이다.

한번은 골수 검사를 마친 어느 날 변호사 친구에게서 마침 안부 전화가 왔다. 그런데 하필이면 그날 저녁 메뉴로 골수 요리를 먹었다고…. 사람은 참 별걸 다 먹는다 싶었다.

골수이식은 이식 자체의 어려움에 비해 적합한 골수를 찾는 일이 쉽지 않다고 한다. 수억 원에 달하는 이식 비용 중 적합한 골수를 찾는 데 드는 비용이 2/3라고 한다. 더구나 이식된 골수로 무사히 회복에 이르는 것도 환자로서는 감당하기 어려운 과정이라고 한다. 하지만 자신에게 맞는 골수를 찾는다는 것은 낙심한 환자에게는 희망의 빛을 발견하는 엄청난 행운이다. 40세 이전에만 자격이 허락되기에 더 이상 골수 기증자로 등록하지 못했지만, 할 수만 있다면 한 생명을 살릴 수 있는 소중한 헌신임은 확실하다.

또 한 가지 백혈병 치료 과정 중에는 척수 검사(Spinal cord scan)가 있다. 백혈병은 혈액암의 일종이라 그 특성상 외과적 수술이 없이 약물로 치료를 한다. 초기 치료로 완전 관해에 도달한 후에도 공고요법과 유지요법 등을 하는 기간 내에 재발되면 치료 가능성이 7% 정도 떨어지게 된다고 한다. 몇 해 전까지만 해도 치료를 마친 환자가 뇌 또는 남성의 경우 고환에 남아있던 암세포들이 백혈병의 재발 요인이 되어 완치되지 못하고 실패하곤 했다고 한다. 이를 막기 위한 해결책으로 지속적인 척수 검사를 통해 병의 유무를 확인하고, 예방을 위해 약물을 주입하기 시작했다. 척수 검사는 허리 부근에서 척추 사이에 구멍을 내 척수액을 추출하여 검사한다. 이 또한 골수 검사 못지않게 겁나는 과정이다.

USC병원에서만 6회가량 척수 검사를 했다. 잠깐 따끔하면 끝이라는 의사의 말과는 다르게 한번은 한쪽 다리 전체에 전기가 오르듯 찌릿한 통증을 경험하기도 하고, 어떤 때는 투명한 척수액에 피가 섞이며 채취되어 다시 시도하는 등 실패와 통증을 함께 경험하기도 했다. 채취한 척수액의 양과 동일한 양의 치료 또는 예방약을 다시 주입해서 보충해야 하며, 척수 검사를 마치면 1시간을 평평하게 누워 진정해야만 하는데, 그 사이 일어나거나 큰 움직임이 있으면 압력의 변화로 인해 만들어 놓은 구멍으로 척수액이 새어나와 밸런스가 깨질 수 있다고 한다.

내가 그랬다. 의사의 말대로 정확히 1시간을 기다린 후 일어나 급히 화장실을 사용했는데 얼마 지나지 않아, 전에는 경험해 보지 못한 강도의 두통이 시작되었다. 오른편 뒷골에 전기가 오르듯 무엇인가 당기는 듯한 엄청난 통증이 일주일간 괴롭혔다. 인터넷을 뒤져보니 보통 한국인이나 일본인 등은 척수 검사 후 최소 4시간에서 6시간을 누워 있도록 권고한다는 논문을 발견했다. 어쩌면 산후 조리 방법이 동서양이 다르듯 이 또한 동서양이 다른지도 모르겠다 싶어, 그 경험 이후로는 나도 가급적 오랜 시간을 꼼짝않고 누워 있다가 퇴원했다. 그런 이후 두통은 다시 오지 않았다.

병원마다 척수 검사의 방법이 달랐다. USC병원에서는 엑스레이실로 이동하여 특별해 보이는 침대에 누워 촬영된 엑스레이 영상을 보며 두 명 이상의 의사가 검사를 진행하였는데, UCI에선 그냥 입원실에서 침대 끝에 뒤돌아 앉아 있으면 바로 전문 간호사가 촉진으로 위치를 확인하고 훨씬 수월하게 검사를 마친다. 오히려 통증도 덜하고 빠르고 간단하게 끝났다. 아주 경험 많은 의사의 감각적 시술이랄까.

이 글을 쓰는 지금도 골수이식을 받은 후임에도 불구하고 재발되어 내일을 기약할 수 없는 이가 있어, 안타까운 마음으로 간곡히 기도하고 있다.

복용했던 약의 일부

13.
약, 약 그리고 약

백혈병은 고형암(固形癌, 일정하게 단단한 모양을 하고 있는 악성 종양)과
는 다른 혈액암 종류 가운데 하나로 수술이 아닌 약으로 치료를 한다.
많은 고형암을 치료하기 위해 항암 치료나 방사선 치료 방법과 함께
수술하는 방법이 고려되고 있고, 수술에 있어서는 미국보다 한국이
오히려 여러모로 앞선다는 이야기가 있다. 쇠젓가락을 자유롭게 이용
하는 우리 민족은 여타 어느 민족에 비해서도 손놀림에 재주가 탁월
해 수술 시에도 큰 도움이 된다고 하는 이야기는 나름의 신빙성이 있
지 않은가. 몇 차례 수술을 경험한 나 역시 동감한다.

그러나 약으로 치료해야 하는 백혈병은 대부분의 신약이 개발되는
서방 국가에서, 특히 미국이 여러 면에서 유리하다. 약값은 한국이나

타 국가에 비해 적게는 3~4배에서 많게는 수십 배가 비싸기도 하다. 그런 약들을 하루에도 한 움큼씩 먹어야 하는 몇 년을 보냈다. 먹어 본 약의 종류만 30여 가지, 먹어 치운 약 병만 수백 개, 한 해 동안 내가 먹은 약의 값을 계산해 보았더니 한화로 약 3천만 원에 육박했다. 그것도 주사약은 물론 입원이나 시술, 수술, 진료, 검사 등의 비용은 모두 제외한 것이고 몇 년간을 이어온 투약이었다.

면역력에 취약한 백혈병 환자의 투약 과정은 생각 외로 꽤나 엄격했다. 늘 마스크와 일회용 장갑을 낀 손으로 투약을 했는데 어느 날 간호사가 한 알에 250달러(한화 30만 원)나 하는 알약의 포장지를 벗기다가 바닥에 떨어뜨려서 결국 버리고 새로운 약을 다시 가져와 아까운 나머지 내 속이 쓰리기도 했다. 바닥에 떨어진 것이야 그렇다 쳐도 밥 먹는 테이블에 떨어뜨린 약도 절대로 환자에게 주지 않았다.

24회나 지속했던 항암 치료를 받는 동안 한번은 간호사에게 "이렇게 한 회 항암 주사를 맞는데 드는 비용이 얼마 정도 할까요?" 하고 물었다. 준비 시간을 합쳐도 30~40분에 지나지 않고, 병실 의자에 앉아 주사 한 차례 맞는 것인데 14,000달러(한화 약 1,850만 원가량)나 한다고 하기에 기가 막히기도 했다. 그렇게나 높은 수가의 치료를 몇 년

째 받는데, 거의 수입이 없던 나는 저소득층으로 분류되어 미국 정부에서 그 비용을 모두 부담해 주고 있는 것이다. 꼼꼼히 계산해 보지 않아도 정부에서 나를 위해 지출하는 금액이 상상하기 어려울만큼 컸기에, 미국이란 나라에 깊이 감사할 수밖에 없는 계기가 되었다. 내가 회복하게 되면 적어도 나쁜 일이 아닌 이상 미국과 또 투병하는 환자들에게 보응해야 겠다는 다짐이 들었다.

사실 약에 대해 이야기하면서 떠오르는 아픈 기억이 있다. 남아공 케이프타운에서 같은 교회를 섬기던 젊은 목사님 한 분은 신학 공부를 마치고 한국으로 귀국한 지 얼마 되지 않아 나와 같은 백혈병을 진단받고 치료를 시작했는데, 한국에 있는 약들이 듣지 않아 미국에서 개발된 엄청난 고가의 약을 한국 보험에서 처방해 주기를 기다리다가 결국 먼저 소천하셨다는 소식을 들었다. 그 가정에 남겨진 사모님과 어린 아이들을 생각하면 정말 미안하고, 여전히 가슴이 아프다. 🖋

응원, 기도의 힘 그리고 작고 큰 기적들

　오래전 1992년 7월, 미국에 처음 들어와 만난 생각보다는 척박(?)하고 뒤처진 듯한 LA의 풍경을 잊을 수가 없다. 한인타운 내에 있는 보문동(나중에 알게 된 재미있는 이름이지만 한인타운 중심부를 관통하는 버몬트 에비뉴(Vermont avenue)를 그 당시 한인들은 그렇게 친숙한 이름으로 바꿔 불렀다고 한다) 주변이었다. 더 기막힌 것은 30여 년이 지난 지금도 그 풍경이 크게 변하지 않고 여전하다는 데 있다. 그렇게 기대에 많이 못 미치는 미국 생활을 시작한 후 얼마 지나지 않아 로스앤젤레스 주변에 더 나은 주거 환경들이 있다는 것을 알았다. 위쪽에 위치한 밸리(Valley) 지역도 좋았지만, 아래쪽의 오렌지 카운티 내에 플러튼(Fullerton)시와 서울에 빗대어 미국 8학군이라 불리는 얼바인(Irvine)시 등이 특별히 한인들이 선호하는 곳이었다. 이민 와서부터 섬기기 시작한 베델교회가 바로 얼바인에 위치해 있었는데 평온한 휴양지에 온 듯한 느낌을 주는 정갈한 계획 도시였다. 많은 사람이 동경하는 이곳이 우리에게도 선호 1순위였다.

미국을 떠나 선교지로 향하기 전, 한동안 부동산 중개사(Real estate agent)를 한 적이 있었다. 손님들을 모시고 다양한 지역의 주택들을 소개하며 다니던 중에 알리소 비에호(Aliso Viejo)라고 불리는 도시를 찾았다. 이곳은 심지어 얼바인보다 더 평화롭고 공기나 자연 풍광은 물론 가격 접근성까지 좋은 보석 같은 작은 도시였다. 미국에서 안착하기에는 더없는 곳이다 싶어 아내에게 흥분하며 이야기를 꺼냈던 곳이

3년간의 추억이 담겨 있는 집

기도 했다. 하지만 갑자기 이 모든 걸 뒤로하고 아프리카 선교지로 떠났기에 잠시 꿈만 꿨던 지역이었다.

그러고는 뼈를 묻으리라 하고 갔던 선교지 남아공에서 병으로 인해 급작스럽게 돌아왔을 때 우리에겐 밥숟가락 하나조차 없었다. 그런 우리에게 교회와 성도들이 생활이 가능하도록 모든 가재도구들을 준비해 주었다. 가장 기적 같은 일은, 교회의 지인 한 분이 마침 투자용으로 구매하려고 진행 중인 주택에 우리가 머물도록 해 주신 것이다. 그 집은 선교지로 떠나기 전 꿈꿨던 바로 그 알리소 비에호 지역에 있었다. 그것도 아이들과 아내가 그토록 원하던 세 개의 방이 딸린 독립 주택이었다. 우리 가족을 응원해 주시던 한 장로님 내외와 교회, 그리고 집주인과 함께 거의 3년여 동안 무상으로 살 수 있도록 베풀어 주신 덕분에 좋은 환경 속에서 치료와 회복에 몰두할 수 있었다. 어느 누가 상상이나 할 수 있었을까?

알리소 비에호는 쉼과 회복이 필요한 이들에게 최적의 도시인 것 같다. 서쪽으로 20분쯤 떨어진 곳에 아름다운 바닷가가 있고, 언덕 높은 곳에 위치해 있어서 바다에서 불어오는 바람으로 항상 청명한 공기를 만끽할 수 있다. 잘 정돈된 주거용 도시이면서 편도 6

차선이나 되는 넓은 도로는 언제나 시원하게 뚫려 있었다. 주변에 100~200m 정도만 가면 어디든 깔끔하게 정돈된 공원들이 있고, 그 공원과 연결된 산책로는 적어도 수십여 개에 이른다. 얼마전엔 이래서 캘리포니아구나 할 정도로 아름다운 비경을 가진 산책로도 발견했다. 저 멀리 해변을 바라보며 산 정상의 능선을 따라 걷는 산책로는 가히 감동을 주는 곳으로 손색이 없다. 해질녘에 의자처럼 생긴 바위에 앉아서 바라보는 노을은 아름다운 세상을 만드신 하나님을 향한 찬사가 절로 나오게 만든다. 이 거처가 건강 회복을 위해 도움이 될 거라며 선뜻 제공해 주셨던 집사님의 마음이 너무 감사했다. 하나님께서는 나 조차도 잊었던, 내가 기대하고 가장 선호했던 지역을 기억하심은 물론 살아오며 경험한 집 가운데 가장 좋은 집을 막막함 속에 놓여있던 우리 가정을 위해 예비해 주신 것이다. 이런 것을 그저 우연일 뿐이라고 하는 사람이 있다면, 그것이야말로 정말 대단한 우연에 대한 믿음이라고 이야기해 주고 싶다.

이야기 중에 떠오른 재미난 사실들이 더 있다. 재정적으로 그다지 여유롭지 않았던 우리 가족은 미국에서만 10여 차례의 이사를 경험했다. 그렇게 많은 이사를 하면서 최근까지 단 한 번도 욕실 벽면에 손잡이가 붙어 있는 것을 본 적이 없었다. 그런데 아무런 대책도 없이 병 치료를 위해 돌아와 그야말로 얻어들어간 집 욕실에는 신기하게도 손잡이가 있었다. 백혈병 항암 치료가 지속되면서 몸이 약해지고, 걷는 것은커녕 침대에서 혼자 일어나 앉는 것도 불가능했던 내가 간신히 조금씩 걸으며 그토록 간절히 원하던 샤워를 하기에 이르렀다. 그러나 서 있는 것도 쉽지 않아 얼굴에 비누칠을 하는 중에도 중심이 흐트러졌고, 머리를 감는 중에도 눈을 감을 수 없었다. 내게는 욕실의 손잡이가 요긴하다 못해 절대적으로 필요한 보조 장치였는데 하나님께서 미리 아시고 꼼꼼히 준비해 놓으신 것이었다. 하나님의 기적은 어쩌면 이렇게도 섬세하게 베풀어지는 것일까!

우리 집엔 이사 올 때부터 의아하게 여기던 어색하리만큼 이상한 위치에 욕실이 하나 있었다. 개러지(Garage, 주택 안의 차고) 입구에 붙은 화장실 안 한쪽 구석에 억지로 구겨넣은 듯한 샤워부스였다. 전에 살던 집주인은 무슨 생각으로 이런 것을 만들어 넣은 걸까 갸우뚱하게 만든 그 샤워 시설은, 코로나가 창궐하던 시기에 바깥에서 일을 마치고 들어오는 아내가 집안으로 들어오기 전 몸에 남아있을 수 있는 바이러스를 씻어낼 수 있는 최적의 위치에 만들어진 최고의 청결시설이었다. 면역력이 바닥을 치고 있는 나를 위해 절대적으로 도움이 되었음은 두말할 필요도 없다. 이 또한 기막힌 하나님의 예정하심 아닌가!

우리 가족이 섬기던 교회엔 '예수님의 향기'를 줄인 [예향]이라는 사역팀이 있다. 자원하는 성도로 구성된 멤버들이 모여 2주마다 한 번씩 투병으로 인해 거동과 식사 준비가 어려운 가정을 위해 정성스런 음식을 조리하고 배달해 주는 사역이었다. 정말 귀하고, 멋지고, 자랑스러운 사역팀이다. 내가 백혈병 진단을 받고 치료하는 동안, 정말로 솜씨 좋은 분들의 정성스럽고 맛깔스러운 음식을 제공받았다. 삼계탕, 갈비찜, 연어구이, 코다리찜, 각종 조림, 싱싱한 밑반찬, 국거리 그리고 때로는 전통 후식 등 수라상 부럽지 않을 만큼 멋지고도 넉넉하게 채워진 박스가 계속 배달되었다. 더구나 자원하시는 성도님들만이 아닌 때때로 부목사님들이 배달에 나서서 집에 오셔서는 환자의 회복을 위한 간절한 기도 선물까지 잊지 않았다. 아내가 내 간병을 위해 긴 시간을 병원에 있는 동안, 집에 남아 보살핌을 제대로 받지 못하던 우리 아이들이 다행히도 그 음식으로 영양을 보충할 수 있었다. 보통은 가정의 주방을 책임지는 부인 또는 엄마가 아픈 경우 예향 음식으로 섬겨 주었지만, 우리 가정은 남다른 특별한 혜택을 입었다. 내가 겪은 병이 워낙 중병이고 나를 간병하느라 가정을 돌보지 못하는 아내를 대신하여 세심히 살피고 섬겨 주신 것이다. 그 정성스런 음식을 받아들고 감사의 눈물이 흐르는 걸 참느라 힘들었던 순간을 기억한다. 예수님을 따르는 공동체 안에서의 나눔과 섬김은 정말 귀하고 아름답지 않은가.

  미국에 친척도, 다른 가족도 없던 우리를 위해 오랜 시간 아낌없는
수고와 희생을 감당해 준 친구들의 도움도 자랑하고 싶다. 치료를 위
해 병원에 입원한 직후 갈 곳 없는 우리 아이들을 자신의 아이들처럼
집에 데려가 한 달을 넘게 먹이고 재우며 따뜻하게 보살펴준 친구, 부
모없이는 어딜 갈 수도 없는 아이들에게 교회와 틈틈이 바깥 나들이를
제공해 주었던 친구, 아이들이 좋아하는 음식을 잔뜩 사다가 냉장고
를 채워 놓고 가던 여러 친구들, 뭐든 필요한 것이 있으면 언제든 이야
기하라며 수시로 연락하고 매번 꼼꼼히 살피던 친구들, 한 가족이나
다름없다며 타지에서 오고갈 때마다 항상 방 하나를 우리를 위해 비워
주었던 친구, 한참을 모아 꼭꼭 숨겨두었던 비상금을 손에 쥐어 주고
돌아가던 친구, 또 거금을 우리에게 쾌척하던 친구들 말이다.

  게다가 딸아이의 학비를 몇 해 동안이나 감당해 주신 분, 어려움 중
에도 기꺼이 자신들의 수입 일부분을 멈추지 않고 우리에게 나누시던
분, 이것저것 남자들의 손길이 필요한 일들에 발 벗고 나서 돕던 분
등 다양한 형태로 물심양면 지원을 아끼지 않았다. 특히나 교회 전체
를 동원해 여러 해 동안 크나큰 기도의 힘을 실어주셨던 목사님까지,

너무도 많은 이들이 우리를 위로하고 응원하고 기도하며 결국 나와 우리 가족 모두를 살려냈다.

 한 번도 누려보지 못한 호사를 오히려 가장 어려운 시기에 경험할 수 있도록 이끄신 이는 분명 하나님이셨다. 하나님께서 그들을 교회와 셀 안에서 친구로, 가족으로 인연을 만드시고 돕게 하신 오묘함이 숨겨 있었다. 사랑하는 교회, 함께 신앙 생활하며 서로에게 선한 영향력을 행사하는 공동체 식구들, 그리고 그 안에서 누리는 기쁨은 열악한 상황일수록 빛나는 것 같다. 우리는 이 모든 신세를 갚을 길 없지만, 그저 하나님께 그들의 축복을 의뢰드릴 뿐이었다. 어서 나아지면 우리 역시 또 다른 이들의 어려움을 함께 감당하도록 노력해 가겠다는 다짐이 저절로 들었다. 참으로 다행한 것은, 우리를 돕느라 재정과 시간을 쪼개었던 이들의 일이 더욱 형통하고 마음도 평안하여 더 여유를 갖게 되었다는 것이다. 수도 없이 많은 분들의 응원과 기도, 섬김과 나눔, 희생을 어떻게 다 나열할 수 있을까? 이렇게 나는 치료 기간 내내 천사들의 사랑과 응원으로 견딜 수 있었다. 🪶

15.
진정한 선물이 되어 주는 아이들

잊으면 안 되는 감사의 제목들이 있다. 아빠를 위해 무던히도 애쓰고 묵묵히 감당해 주었던 아이들이다. 부모의 관심이 가장 필요한 대학 입시를 앞둔 시기임에도 아빠는 투병하느라, 엄마는 그런 아빠를 돌보느라 거의 방치되다시피 지내면서도 불평 한마디 없던 아이들이었다. 어느 때고 부르면 달려오는 것은 물론 하루에도 여러 차례 방에 들어와 도움이 필요한지를 물었다. 모든 심부름은 서로 먼저 거들려하고, 아빠가 심심하고 외로울까 걱정되어 빈번히 방에 찾아와 말동무가 되어 주기도 하며, 밤마다 통증에 시달리는 아빠의 발과 다리를 한 시간씩 마사지해 주면서도 지치거나 싫은 기색 하나 없었다. 간신히나마 움직임이 가능해졌을 때는 어딜 가나 항상 함께 손을 잡아 부축해 주는 것도 도맡았다.

　미국에서 누렸던 편안함과 안정을 뒤로하고 사역지인 남아공으로 떠날 때 가족 구성원의 결단이 절대적으로 필요했었다. 선교지로 떠나는 일이 쉬운 결정은 아니지만, 특별히 8학년(중3), 9학년(고1) 학생이었던 딸들에게는 청천벽력 같은 소리였을 것이다. 갓난아기 때 미국에 와서 이제껏 자라온 고향 같은 곳을 떠난다는 것이, 특히 오랜 시간을 함께해 온 친구들과 헤어져 열악한 환경에 도전해야 한다는 것이 사춘기 아이들에게는 얼마나 막막한 이야기였을까? 부모의 소명을 위해 자신들의 희생이 요구되는 것처럼 느껴졌을 수도 있을 것이다.

사실 선교지로 떠나기 전 나는 부담스러운 하나님의 이끄심에 대해 감당할 자신도 없었을뿐더러, 표면적으로 드러내지만 않았을 뿐 내심 피하고 싶은 마음도 있었던 듯했다. 그래서 하나님께 확답을 구하며 십여 가지가 넘는 세세하고도 가능성이 희박한 조건들을 달았었다. 그중 가장 첫 번째가 아내와 아이들에게 긍정적인 답변을 받는 것이었다. "아프리카 선교사로 떠나야 하는데 괜찮겠니?"라는 내 물음에 아이들은 머뭇거림도 없이 "네! 하나님께서 가라고 하시면 가야죠"라고 오히려 날 부끄럽게 만들며 피할 수 없도록 확실한 답변을 주었다. 나중에 들으니 작은아이는 우리가 가는 남아공은 인터넷은커녕 나뭇가지와 소똥으로 지은 집에서 사는 줄 알았다고 했다. 그러면서도 당연히 엄마아빠를 따라가겠다며 용기있게 대답한 것이다. 귀엽기도 대견하기도 한 녀석이다.

　남아공에서의 학교 생활은 한마디로 표현하기 어려웠다. 열악한 교육 시스템을 예상하기는 했지만 외국인들에게는 제약이 많았고, 심지어는 공립 학교임에도 불구하고 적지 않은 학비를 요구했다. 정부 주도하에 의무교육을 제도화하고 그에 걸맞은 예산과 관심을 투입하여 안정된 교육수준을 제공하는 한국이나 미국과는 거리가 너무 멀었다. 그나마 우리 동네는 공립 학교도 없어서 다른 공립 학교와 비슷한 학비에 상대적으로 안심이 되는 국제 학교를 선택했었다. 그런데 겉보기는 동네 공립같아 보였어도 세계적으로 명성이 있는 케임브리지(Cambridge) 커리큘럼으로 운영되는 국제 학교라는 설명을 믿고 입학했지만 사실 내부는 그 수준이 아니었다. 외형적 규모 측면에서도 500여 명이 넘는 학생들을 감당하기엔 역부족인 3층짜리 건물 하나에 넓은 가정집 마당 두어 개를 합해 놓은 것 같은 크기의 운동장은 턱없이 작았고, 정작 해당 커리큘럼에 대한 경험이 전무한 선생님들이 대부분이어서 교육의 질을 기대할 수도 없는데다, 심지어는 매 학년 학력 시험을 치르고 영국에 보내어 평가를 받는 것이 케임브리지의 기본 규정이지만 재정이 부족하다는 이유로 이러한 기본적 절차도 지키지 않았다. 미국에서 지내는 동안은 꽤나 알려진 좋은 학교에서 괜찮은 성적을 유지해 왔던 아이들이었지만 아프리카 수준의 하향 평준화에 이르는 데는 그리 오랜 시간이 걸리지 않았다.

자신의 고향이나 다름없는 미국으로 대학 진학을 원하던 아이를 위해서 부모로서 해 줄 수 있는 것이 거의 없었다. 나나 아내나 한국에서 대학을 나왔기에 미국 입시 정보에 대해서도 백지였고, 남아공에서 미국 대학을 가는 경우가 흔치 않아 도움을 얻을 수 있는 곳도 없었다. 그리고 미국에 따로 떨어져 유학 생활을 하게 하는 것이 재정적

측면에서도 부담이 되지 않을까 싶어 걱정도 앞섰더랬다.

그러던 중에 백혈병이 발병하여 급히 귀환하게 되었는데, 그때가 마침 큰아이의 고3 학생 시절을 마감하고 있었던 12월이었다. 미국에 돌아온 초기 3개월 동안 친구의 집과 교회 선교관에서 생활하면서 아이들은 다시 뒤쳐졌던 학습을 회복하고, 미국 학교 시스템에 재적응하기 위해 두세 배 노력해야 했다. 아빠의 간병을 도맡았던 엄마가 등하교를 전혀 도와줄 수 없는 상황이었기에 결국 셀식구가 알려 준 남가주의 온라인 공립 학교를 등록했다. 한편으로는 이렇게라도 미국으로 돌아오게 된 것이 아이들에게는 기회일 수도 있겠다 싶던 중에 아이들의 남아공 고등학교 성적 중 일부를 미국에서 인정받을 수 없다는 연락을 받았다. 케임브리지 학력 평가가 제대로 이루어지지 않아, 남아공 학교 자체에서 제시해 준 성적과 수료 과목으로는 미국 고등학교 졸업장을 받을 수가 없다는 것이다. 그래서 부랴부랴 주변의 커뮤니티 칼리지(Community College)에서 여름 학기를 수강하며 졸업에 필요한 학점을 채워나가기 바빴다. 시간이 갈수록 아이들은 대학 입학에 자신 없어 했다. 그런 모습을 보면서도 무언가 해 줄 수 없는 부모로서는 안타까운 시간만 속절없이 흘렀다.

나는 입원 중이고 혼자서 거동이 불가능한 탓에 아내가 온종일 내 곁을 지키게 되면서 사실 우리 아이들에게는 이미 락다운(Lockdown, 폐쇄 조치)이 시작된 것이나 다름 없었다. 차량이 없으면 이동이 거의 불가능한 미국에서 차는커녕 운전면허도 없고, 용돈도 없는 아이들은 부모가 없으면 외출이 불가능해서 거의 집에 갇혀 살다시피 했다. 라면과 시리얼을 주식으로, 그리고 한 주에 한 번씩 엄마가 돌아와 만들어 놓은 약간의 밑반찬과 국으로 한끼 한끼 해결하며 지내는 시간을 보내었는데, 어느 날은 우유가 떨어져서 뜨거운 한낮에 왕복 한 시간을 걸어 마켓에서 우유를 사 오기도 했었다. 그래도 불평 한마디 없던 아이들이 너무도 고맙고 미안했다.

어느덧 큰아이가 대학에 입학하는 날이 다가왔다. 주변의 도움과 최선을 다한 끝에 어느 정도의 SAT 성적을 받아 조지아 주의 한 대학에 입학하였다. 자신이 좋아하는 동물 관련 학과에 지원을 했는데 합격 통지서를 받아들게 된 것이다. 그리고 다음 해는 작은아이의 대학 입학 원서 접수가 시작되었는데 작은아이는 성적을 따라잡을 기미가 보이지 않았다. 자신이 전공하고 싶은 디자인과에 왜 수학이며 화학, 생물 과목의 성적이 필요한지 이해가 안 된다는 핑계로 더더욱 공부에 마음을 잃었다. 그런데 전화위복이랄까? 그 해 작은아이의 입학

전형은 락다운으로 인해 SAT 시험 자체가 여러 차례 미뤄지며 많은 대학들이 SAT 점수 제출 의무 조항을 없애고, 포트폴리오와 고등학교 성적으로만 입학 당락을 결정했다. 셀식구였던 대학 입시 전문 카운셀링을 하던 집사님의 도움을 받으며 포트폴리오에 집중했는데, 그중 멋지게 만들어진 아프리카 빈민촌 마을을 미니어처로 만든 작품과 수만 가닥의 털실로 수놓아 남아프리카 공화국의 자연을 표현한 작품 등으로 인정받아 전 세계에서 알아주는 아트 스쿨에서까지 장학금을 받으며 합격하기에 이르렀다. 그러나 아이는 캠퍼스 라이프(Campus Life)를 누려보고 싶다며 최저의 학비를 제안받은 뉴욕주 북쪽 끝에 있는 한 사립 대학을 선택해 입학했다. 어쩌면 그 아트 스쿨의 엄청난 학비를 감당할 수 없었던 우리 사정을 알고 그런 선택을 하지 않았을까 하는 생각에 마음 한편은 미안하고 무겁기도 하지만, 감사하게도 작은아이는 지금껏 즐거운 대학 생활을 누리고 있다.

어느 날 아이들에게 "애들아, 그동안 무척 수고 많았어. 아프리카를 가자고 했을 때도 이해하고 따라주었고, 또 미국에 돌아와서 아빠 엄마가 병원에서 머무느라 너희를 돌봐주지 못했는데도 열심히 공부해서 좋은 조건으로 대학에 들어가고…. 많이 힘들었지?"라고 이야기했다. 그 말에 돌아온 아이들의 답변이 나와 아내를 부끄럽게 만들었다.

어엿한 대학생이 된 아이들

"저희도 정말 어떻게 대학에 갈 수 있었는지 모르겠어요. 아프리카에 가지 않았더라면 좋은 경험도 못하고 우리가 더 힘들었을 것 같아요. 어쩌면 오히려 대학을 가지 못했을지도 몰라요. 하나님이 해 주셔서 대학도 가고 하고 싶은 공부도 할 수 있게 되었다고 생각해요."

 이렇게 나의 사랑스러운 딸들이 내 곁에 있었다. 백혈병에 걸린 아빠를 위해 소리 없이 울며 기도해 주던 천사들이었다. 조금의 불평도 없이 어떻게든 도우려 애쓰는 아이들 덕에 항암 부작용으로 심한 통증을 겪으면서도 행복한 하루하루를 맺어 갈 수 있었다. 귀엽고 사랑스러운 천사들. 🪶

내게 허락된 유일한 천사

　절대 잊어서는 안 되는 나의 하나뿐인 천사가 따로 있다. 수도 없는 밤을 눈물로 지새던 나의 아내. 2년을 넘도록 침대에 누워 움직이지 못하는 나를 위해 차가운 병실 간이침대에서, 집에서는 내게 침대를 양보한 채 2인용 소파에서의 쪽잠을 마다 않고 무보수 간병인 역할을 했던 아내다. 어느 한순간도 싫은 내색 없이 내 옆을 지켜 주었던 천사.

　반년 가까운 병원 생활 동안 얼마나 외로웠을까? 매일 20여 시간을 넘게 잠에, 혼수상태에 빠져 있는 나를 지켜봐 주고, 깨어 있는 시간엔 어떻게든 내 수발을 들었다. 병실에 있는 화장실과 욕실은 환자 전용이어서 씻고 옷을 갈아입기 위해 일주일에 두세 번 잠시 집에 다녀오는 것이 쉼도 아닌 듯한 쉼의 전부였다. 갈 때마다 정성스레 나를 위해 내가 좋아하던 음식을 만들어 오지만, 먹는 것이 가장 큰 고역이었기에 냄새만 맡고도 손사래를 쳐 댔다. 물 한 모금을 넘기지 못할 때는 10여 가지쯤 되는 시중에 나와 있는 거의 모든 제조회사의 물을 사 와서 결국 마실 수 있는 물을 찾아주기도 했다. 그렇게 하면서도 싫거나 힘든 기색은 찾아볼 수가 없었다. 매 순간 너무 미안했지만 끝까지 기다려주고 넉넉히 나의 투정을 다 받아 주었다. 그렇지만 자신을 위해선 하루 한 끼나 챙겼을까? 내가 잠들면 혼자 내려가 맛없는 미국 병원 식당 음식으로 간단히 때우는 것이 다였다.

부작용으로 인한 재수술과 시술이 수십 차례 이어질 때는 제정신이 돌아오지 못한 나를 대신해 꼼꼼한 대변자가 되어 주기도 했다. 어려운 영문 병원 용어를 찾아가며, 녹음을 해 가며 의사와 간호사들에게 질문을 하고 답을 얻어내고 시간마다 복용해야 하는 약들을 꼼꼼히 챙겼다.

입원 중일 때는 간호사들이 나에 관한 대부분의 일들을 도왔지만, 퇴원한 후엔 아내가 그 모든 일을 전적으로 도맡아 해야 했다. 가정을 챙기고 아이들을 보살피는 일 외에 까다로울 만큼 까다로워져 있는 나의 먹거리, 물, 약, 청결, 병원 왕래를 모두 감당했다. 계속되는 항암제 등 독한 치료약들로 인해 구토가 끊이지 않았고 온갖 부작용으로 시간이 갈수록 나약해져 침대에 꼼짝없이 누워 있어야 했다. 한 번에 3~4가지씩 주사와 약으로 투입되는 항생제로 인해 하루에 10여 차례 설사가 계속되었지만 단 한 번도 싫은 기색 없이 치워 주는 것은 물론 헐어있는 항문 주위에 때마다 연고를 발라 주며, 수치스러워 할 나를 위해 더 조심히 신경 써 주는 것도 잊지 않았다. 혼자 힘으로는 몸을 조금도 움직일 수 없는 나를 돌려 눕히는 것도 쉽지 않은 일이었을 텐데 아내가 아이들과 힘을 합해 시트를 끌어 침대 가장자리로 나를 누이고 머리를 감겨줄 때가 있었다. 그때가 하늘을 나는 순간 같았다면 충분히 표현이 될 수 있을까?

언제나 그랬듯 끝까지 내 편이 되어 주고, 날 위한 기도에 눈물 흘리며 무릎을 꿇던 아내는 하나님께서 내게 선물해 주신 천사 중의 천사이다. 작고 가녀린 몸으로 어떻게 그 모든 걸 감당했을까? 평소에도 순박하고 지혜롭고 현숙한 아내이지만 고통을 말없이 함께 감당해 주는 이 과정 하나하나가 더 소중하고도 고맙게 기억되었고, 그래서 더 사랑하지 않을 수 없다. 어쩌면 몸도 마음도 쇠약해졌을 아내에게 난 아직도 큰 도움이 되지 못하고 있다. 아니 여전히 희생을 강요하는 애물이 되어 있는지도 모른다. 하지만 내가 가장 먼저 꼽는 최고의 단 한 명이라면 단연코 아내다.

축복은 인연으로 시작되다

지난 시간 속에 흐르듯 만난 모든 인연들이 누구에게나 그렇듯 내게도 무척 소중하다. 때로는 울고 웃게도 만들고, 감동하고 또 행복하게도 만든 참으로 많은 인연들이 나를 성장시키는 공헌자들이다. 가족과 친구, 동료들도 있지만 교회에서 만나 교제해온 성도들을 절대 빼 놓을 수 없다. 이웃보다 더 이웃 같고 가족 같은 이들이라 자신할 수 있는 이들도 예수 안에서 만났다. 그 가운데 특별히 잊을 수 없는 몇 분이 계시다.

따님이 어렸을 적 나와 같은 백혈병을 앓았지만 감사하게도 무사히 회복되어 건강하게 가정을 이루고 잘 산다고 하시며 그때 간병했던 경험으로 나에게 많은 도움을 주셨던 사랑 많으신 권사님. 먼 길을 마다 않고 집까지 찾아오셔서 기도와 함께 위로해 주시고, 나의 치유를 바라며 한의원 예약은 물론 손수 안내해 주셨던 집사님. 내가 소속되어 있는 선교회를 대표로 섬기시며 자상하게 나를 살펴주시던 선교사님. 모두 내가 병 중에 있을 때 찾아와 위로하며 힘내라 기도해 주시던 분들이고, 누구에게나 귀감이 되는 모습으로 삶을 살아내시는 분들이었다. 그런 분들이 모두 얼마전 췌장암으로 먼저 하늘나라로 향하셨다. 그 소식을 들을 때마다 마음이 무너져내리는 듯했다.

누구보다 나를 아껴 주고 함께 사역하길 기대하며 10년이라도 기다리겠다고 말씀해 주셨던 사랑하고 존경하는 손인식 목사님은 나의 두 손을 꼭 잡고 눈물 흘리며 진심을 담아 기도해 주신 지 얼마 지나지 않아 불의의 사고로 얼마간 혼수상태에 있다가 갑작스럽고 허망하게 하나님의 부르심을 받으셨다는 소식을 들었을 때, 가슴이 찢어지는 슬픔에 목 놓아 한참을 울기도 했다.

2015년 초, 교회에서 성심을 다해 성도들을 섬기던 집사님 두 분께서, 또 우리 셀 가정 가운데 한 가장이 예기치 못한 교통사고로 현장에서 다시 가족 품으로 돌아오지 못하는 안타까운 일이 발생한 적이 있었다. 모두 교회의 다양한 사역에서 땀 흘려 봉사하시면서도 얼굴에 웃음을 잃지 않던 분들이었는데, 한순간에 그런 비보의 주인공이 된 것이다. 그때 다시금 잊었던 죽음이라는 생명의 피할 수 없는 정지 사건에 대해 깊이 생각해 보게 되었고, 남들에게만 일어나는 일이 아님을 처음 깨닫게 되었었다. 그런데 지속되는 가까운 분들의 죽음 속에서 한 가지 발견한 점은, 모두 순수하고도 참된 신앙을 가진 귀한 분들이었으며 이 땅에서 제 몫을 다하신 분들이었기에 천국을 허락받은 분들이었다는 점이다. 어쩌면 충분히 자격을 갖추지 못한 나는 하나님께서 다시 한번 갱생의 여지를 위해 다시 세상으로 돌려보내 기회를 주신 것일 뿐이라는 생각을 해 보게 된다.

세상을 살아감에 생각처럼 우리가 기대하는 행복만 있는 것은 아니다. 다양하고도 멈추지 않는 불편, 부담, 각박, 위기, 실망, 불안 등 어두운 소식이 가득한 세상은 그야말로 '살아내는 심정'으로 주어진 시간을 채워 나가기도 한다. 물론 우리가 그리스도인으로서 맡겨진 선한 역할을 제대로 감당하지 못해 이런 상황이 촉발되고 확대되는 것일 수 있기에 나 역시 책임이 없다고 말하지 못한다. 하지만 나름의 노력에도 꿈쩍도 하지 않는 벽과 같은 세상의 암울함에 빈번히 지쳐 힘을 잃고 쓰러진다. 그럴 때면 이 땅에서의 축복보다 서둘러 천국을 기대하게 된다.

모든 것이 불확실하지만 우리가 가장 확실히 아는 한 가지는 우리는 모두 죽는다는 것이다. 우리는 모두 어느 누구도 피해갈 수 없는 사실인 죽음을 두려워하며 애써 외면하고 살아간다. 당연한 그 사실을 받아들이고 오히려 잘 죽기 위해 노력하는 것이 필요하지 않을까? 죽음을 준비하기 위해서는 용기가 필요하다. 담대해야 한다. 현실을 직시하고, 아름다운 죽음이 무엇인지 고민하고 생각해 보는 시간을 가져야 한다. 우리가 기대하는 삶의 결말부터 역으로 되짚어 현재를 평가해 볼 기회를 가져야 한다.

내게 주어진 시간이 얼마나 남아있는지 모르지만 무엇보다 하나님께서 왜 우리를 창조하셨는지 이유를 찾아내고, 나를 향한 그분의 기대를 인식하는 것이야말로 삶의 가치를 발견하는 일이다. 창조의 질서와 정도(正道) 안에서 나만의 인생의 목적과 비전을 그려내야 한다. 그리고 그에 따라 때에 맞는 목표를 정하여 푯대를 삼아 나아가야 한다. 어려워도 고통스러워도 감내하며 이루어가는 가치 있는 삶과 아름다운 죽음을 만들어가야 한다. 🖋

18.
장애인이라는 훈장

항암 부작용으로 갖게 된 말초신경병증이 내가 최근에 받은 장애 증명의 이유이다. 오랜 시간, 여러 차례 항암 치료를 하며 손발의 무 감각증과 저리고 화끈거리는 증상이 지속되었고, 갈수록 움직임이 부 자연스러워졌다. 시간이 지나면서 양호해지는 것이 일반적인데 일부 환자들은 평생을 안고 가야 하는 증세라고 하며, 내가 그중 하나일 듯 싶다는 우려섞인 의사의 소견을 들었다. 그나마 다행인 것은 단추도 못 잠그고, 전화기의 문자 입력도 어렵고, 펜으로 글씨를 쓰기도 어 렵던 손의 증세가 많이 나아져 이제는 거의 나은 것이다.

하지만 발과 다리에 있던 증세는 여전했다. 감각이 없다고 느껴지면 서도 심하게 화끈거려 꼭 고기를 굽는 불판에라도 올라선 듯 화상을 입은 것 같은 통증을 달고 살아간다. 꾸준한 운동을 통해 걷는 것이 어느 정도 가능해졌지만 여전히 비틀거리며 중심을 잃기 일쑤다. 빠르게 움직이거나 뛰는 것은 생각하기도 어려운 행동이 되어 그동안 즐겨 왔던 탁구, 배드민턴, 배구 등 대부분의 운동을 접어야만 했다. 처방된 진통제가 없으면 잠들기 어렵고, 그나마도 복용량을 늘려야 할 만큼 상태가 심해졌다. 발가락이 제 역할을 하지 못해 중심을 잡기 어려워 계단을 오르내리는 것이 손잡이 없이는 무리이고, 달리는 것도 어려운 상황이 되었다. 이 증상이 허리 위쪽까지 확대되어 감각이 무뎌지니 엉덩이로 깔고 앉은 전화를 못 찾아 한참 헤매기도 하고, 때로는 이곳저곳에 나타나는 칼로 깊숙히 에는 듯한 통증에 나도 모르게 신음을 내뱉곤 한다. 의자에 앉아있으면 의자와 맞닿은 허벅지 부위가 뜨거워지고 계속되는 통증으로 30분마다 일어나 풀어주지 않으면 더욱 참을 수 없게 된다.

이로 인해 막히는 길이나 장거리 운전은 될 수 있는 한 피하게 되었다. 여러 부위에 나타나는 잦은 경련의 해소를 위해 약을 복용하지만, 특별히 운전 중에 많이 사용하는 정강이 근육이 피로를 느끼면 경련과 통증이 일어나고 그래서 스트레칭을 하면 반대편 종아리 근육에 또 다시 경련이 시작된다. 운전 도중 그런 상황이 발생하면 위험할 수

장애인 표지

도 있어서 가능한 한 교통 체증 지역 운전을 자제하게 되었다.

항암 치료 부작용은 사실 말초신경병증만이 아니다. 스테로이드 장기 복용으로 잇몸이 약해진 상태에서 이를 악물고 통증을 참다 보니 이제는 치열이 말이 아니다. 덕분에 음식물을 이로 절단하는 것이 쉽지 않아 다른 이들과 함께 앉아 음식을 나눌 때 종종 민망한 순간이 발생하기도 한다. 약해질 대로 약해진 몸은 어느 정도 앉아 일을 하다 보면 곧 피곤을 느끼게 되고, 미팅에 참석하여 이야기를 나누다 갑자기 목소리가 쉰 듯 탁하게 갈라지기도 한다. 에너지를 채우기 위해 잘 먹으려 하면 신진대사 기능의 약화로 복부만 나오고, 빠르게 걷는 운동이라도 하려니 중심을 잡기 힘든 것은 물론 종종 어지럽고 가슴이 갑갑해 지기도 해 혼자 나가는 것이 조심스러워졌다.

하지만 꼭 나쁜 것만 있는 것도 아니었다. 머리가 모두 빠진 후에 새롭게 자란 머리카락은 오히려 숱도 많아졌고 머릿결의 방향도 보다 안정적(?)으로 바뀌었는데 여러 차례의 수혈 때문일 수 있다고 한다. 만일 골수이식을 받았다면 골수 기증자의 혈액형에 따라 내 혈액형도 바뀔 수 있다고 했다.

여하튼 정상인과는 다른 이동 장애 덕분에 장애인(Disabled Person) 주차 플래카드를 받아 생각지도 못한 편의를 누리고 있다. 장애인 증명은 약간 중독성이 있는 것 같다. 주차장에 장애인을 위한 지정 주차 자리가 의무화되어 있는데 자리를 찾기 어려운 시간대에도 이런 자리는 대체적으로 비어 있다. 미국에서는 위반 시의 벌금이 워낙 높아서인지 사람들이 철저히 장애인을 위한 법을 지키기에 쉽게 주차 자리를 잡는 편의를 누릴 수 있다. 더구나 길거리 유료 주차 시엔 무료로 시간 제한 없이 주차를 할 수 있는 엄청난 혜택을 누릴 수 있다. 물론 어느 정도 걷는 것이 가능해진 지금은 가급적 일반 주차장을 이용하지만 유난히 통증이 심해 걷기 어려운 날은 도움을 받는다. 우습지만 때때로 장애인 주차장에서 내릴 때 너무 정상적인 모습으로 보이지 않으려는 나를 발견한다. 그리고 그런 나 자신에게 웃음이 나오기도 한다. 장애가 있다는 것이 거짓말이 아닌데도 애써 증명하려 하는 것은 초보 장애인의 특성일까? ✐

19.
그 앞에 서면 결국 길이 보인다

건강의 회복을 위해서 우선순위를 높여야 했던 것이 운동이다. 아프고 나니 뼈저리게 느꼈던 것은, 어느 것 하나도 내 의지대로 되는 것이 없다는 것이다. 언제든 걷고 뛰고 힘을 쓰고 다니고 웬만한 일은 내가 다 할 수 있다고 믿었다. 그런데 지금에서야 통감하는 것은, 하나님께서 몸이 그렇게 할 수 있도록 만들어 주신 것이지 내가 당연히 할 수 있는 일이 아니었다는 것이다. 침대에 누워 지내는 시간이 길어질수록 힘이 빠지고 근육은 소실되어져 갔다. 얼마 되지 않아 팔과 목을 가누는 것 외엔 다리조차 들 수 없었고, 등과 허리가 아파도 누군가가 몸을 돌려주지 않으면 아무것도 할 수가 없었다. 침대가 자동으로 움직이지 않으면 상체를 일으키는 것은 불가능했다. 나중엔 입술이 말라붙어 아픈데도 손가락 하나 움직일 수 없어 아이들에게 떼어

달라 해야 했고, 다리 하나를 드는 데도 누군가의 도움 없이는 거의 불가능 했다. 물을 마시는 것도 빨대를 꼽아 입에 물려 주지 않으면 마실 수 없을 때쯤, 그동안 이 모든 것들을 당연한 권리처럼 여긴 내 자신이 가소롭고도 너무 무지했음을 깨달았다.

음식의 맛을 느끼고, 씹어 삼키고, 식도를 통해 내려가 위에서 소화가 되고, 소장과 대장을 지나며 영양분이 흡수되고, 모든 장기가 이를 돕고, 혈액이 만들어져 산소와 에너지를 공급하고, 세포가 지속적으로 생성되도록 하는 이토록 엄청나게 섬세하게 만들어진 신체의 어느 한 부분이라도 문제가 생기면 그것을 해결하기 위한 치료와 회복의 시스템이 체내에서 작동하고, 이러한 기능들이 그 사람의 삶이 다하는 순간까지 쉬지 않는 것은 모두 참으로 신비한 일이다. 제한된 인간의 능력에, 겨우 25여 년간의 연구 결과로 인간이 원숭이에서 진화되었다고 주장하는 누군가의 이론을 믿는 것은 오히려 대단하다 싶은 맹신이 아닌가. 인간은, 자연은, 세상은, 만물은 그냥 그렇게 어쩌다 생겨난 것이 아니다. 만약 블랙홀(Black hole)이 세상의 기원이라 믿는다면, 그조차 하나님의 창조를 인간의 수준과 입장에서 그렇게 이름 붙인 것에 지나지 않을까?

신비한 인체를 느끼는 순간 또 한 번 하나님께 감사하게 된다. 오묘함이 머리를 지나 가슴에 다다르는 경험이다. 하나님께서 사람을 지으실 때, 우리가 유지할 수 있도록 구상하시고 계획하셨다. 그래서 우리는 그 모든 활동이 가능한 시스템을 우리 몸 안에 갖게 된 것이고, 유지를 위해 먹고 쉬고 또 운동해야 하는 것이다.

조금씩 걷는 시간을 늘여가며 동네 주변의 산책로를 여러 개 찾았다. 일부러 새로운 길들을 찾아 걷는다. 새로운 길들은 새로운 맛이 있다. 하루는 산 언덕에 있는 색다른 길을 선택해 걷기 시작했다. 자동차의 바퀴 흔적 위에 잡초가 무성한 것을 보면 그다지 인적이 많지 않은 길이었다. 계속 그 길을 따라 걷다 보니 큰 전봇대 하나를 마주치게 되었다. 그리고 길은 거기서 끝나 있었다. 아마 산을 넘어 연결해야 하는 전선들을 위해 전봇대를 설치하려고 차가 이곳까지 들어온 흔적을 만들었다 싶었다. 그런데 한참을 걸어서 여기까지 들어온 게 아까워 같은 길로 되돌아가기가 싫었다. 왼편을 보니 산 언덕 정상이 멀지 않게 느껴졌다. 제대로 된 길은 없었지만 허리 높이의 덤불숲이 가득한 산이었기에 어떻게든 헤치고 올라갈 수 있겠다 싶어 도전을 했다. 정상에 오르면 내려가는 길이 연결되어 있을 거라 믿고 숲을 헤치며 어렵게 비탈길을 걸어 올라갔다. 가다 보니 야생 염소의 배

설물 같은 것도 보였다. 미끄러지기도 하고 날카로운 덤불숲 가지에 다리가 긁히기도 했지만, 조금씩 꾸준히 올랐다. 그런데 시작할 때는 보이지 않던 작은 길들이 보이기 시작했다. 멀리서는 보이지 않던 길들이 눈 앞에 조금씩 나타나고 나를 인도해 가기 시작했다. 마치 인생 같았다.

앞일이 막막하고 길이 보이지 않는 순간들이 있지만, 목표를 향해 그래도 정진하면 처음에는 보이지 않던 길들이 보이고 결국 정상에 오르는 성취감을 맛볼 수 있다. 길이 보이지 않는다고 시도조차 하지 않았다면 나는 얻을 수 있는 게 아무것도 없었을 것이다. 다리에 상처가 나고 손에 가시가 박히기도 했지만, 결국 내게는 그보다 백 배나 큰 기쁨이 주어졌다.

인생의 전반기를 백혈병 투병과 함께 마치고, 새롭게 주어진 후반기의 삶의 목표는 이전과는 달라졌다. 내가 세운 지금까지의 나를 위한 행동 목표가 아닌, 하나님께서 나를 지으실 때부터 가지신 그 목적에 올인하기로 했다. 그것은 분명 존재로서의 목적이 아닐까 싶다. 진정한 그리스도인으로서 날마다 조금씩이나마 성숙해져 가는 삶으로 충분히 하나님께 영광을 올려드리며 그 역할을 다할 수 있으리라 믿는다. ✒

20.
아내와의 필연

홍콩에서의 직장 생활을 멈추고 한국으로 돌아가 얻은 첫 직장은 일산에 있었다. 이름도 낯선 새로 설립된 외국계 대형 유통사였다. IT 팀장으로 시작한 회사 생활 1년 반 만에 회사의 핵심부서인 영업 부서장으로 승진된 첫 케이스로 29세에 부장 직함은 부족한 능력과 경험에 비해 심히 과분했다. 사내 직원들 사이에서는 대리, 과장, 부장 할 것 없이 경쟁사에 비해 높은 직책을 제안해 인건비를 낮추려 한 의도가 눈에 띄었기에 직위 인플레이션(Position Inflation)이라는 신조어까지 만들어 얄팍한 인사 정책이라고 비난하기도 했다. 그도 그럴 것이 대형 유통업으로 매장당 직원 수는 협력업체 직원을 포함하여 최대 6~700여 명에 이르렀는데, 이들을 관리하고 실적을 책임지는 실무 관리자들의 경험이나 이력 그리고 보수까지도 경쟁사에 비해 적어도 한 단계씩은 낮은 수준이었다. 그래도 큰 문제 없이 사업이 유지된 이유는 오랜 시간 회사 내부에 탄탄히 구축된 시스템이 이를 받쳐주기 때문이었다. 어찌 보면 꽤나 합리적이고 지혜로운 경영방식이다 싶기도 했다. 직원들의 빠른 승진 가능성과 연공서열(年功序列)에 구속되지 않는 인사 체계는 열심히 일하게 만드는 동기로 비교적 충분했고, 또 상대적으로 만족스러운 것이 사실이었다. 내가 담당했던 부서엔 나보다 출중하고 훌륭한 직원들이 많아 그 덕에 나 역시 빛을 봤다. 함께했던 시간이 즐겁기도 했고 이룬 성과도 컸다. 지금에서야 하는 말이지만 혹여라도 함께했던 그들을 힘들게 했다면 미안하다고, 사랑했다고 전하고 싶다.

그리고, 그곳에서 아내를 만났다.

1998년 10월 6일, 첫 출근을 하여 새내기 부장으로서의 일정을 시작했다. 많은 일들이 새로웠고 긴장도 되었으며, 승진 직후의 막중한 부담을 안은 시기라 더 열심히 일했다. 그러던 11월 어느 날 저녁 11시가 넘은 시간, 눈이 감길 정도로 지친 몸을 이끌고 퇴근하던 길에 멈춤 신호를 받고 급정차한 앞 차를 들이받는 사고를 내고 말았다. 다칠 정도는 아니었지만 엔진 부위까지 밀리는 작지 않은 사고였고 내 차는 더 이상 움직이지 않았다. 사고의 해결을 위해 차에서 내린 지

채 몇 분도 되지 않아 어디선가 나타난 견인 트럭이 망가진 내 차를 벌써 견인 트럭에 묶기 시작했다. 그 뒤를 이어 마침 뒤따라 퇴근하던 마음 착한 직장 동료가 혜성처럼 등장해 나를 도왔다. 그곳은 사람들이 흔히 다니지 않는 우회 도로였는데 다행히도 같은 길을 그 늦은 시간에 지나던 동료가 나를 발견하고 자신과는 동떨어진 집까지 데려다주어 택시도 없는 그곳을 무사히 떠날 수 있었다.

집에 도착하니 피곤이 한꺼번에 몰려왔지만 오히려 잠은 오지 않고 많은 생각들이 머릿속을 어지럽혔다. 사고의 여파에 대한 부담보다 더 마음을 무겁게 했던 것은 최근에 있었던 여자 친구와의 결별과 암으로 투병 중이신 아버지의 며느리에 대한 기대였다. 그리고 순간, 혼자 있는 것이 갑자기 너무 외롭게 느껴졌다. 고등학교 2학년 때부터 거의 16년을 이어 온 궁색한 자취 생활도, 매일 혼자 의무감에 밥을 차려 먹는 일도 더 이상은 그만해야 겠다 싶었다. "그래, 결혼을 하자." 이전과는 다른 절실함으로 결혼하기로 마음먹었다. 등잔 밑이 어둡다는 속담을 기억하고 가까운 곳에서부터 찾아보기로 했다. 한 사람을 만나서 한 달만 만나 사귀어 보고, 아니다 싶으면 다음 사람을 만나 보기로 나만의 일방적인 전략을 세웠다.

다음 날 아침, 출근하여 입구에서 가장 가까이 있는 첫 사무실부터 살폈다. Accounting Div.(경리부) 사무실이었다. 10여 명의 직원이 앉아 있는데, 한편에 화려하지 않은데도 눈에 띄는 한 사람이 있었다. 그리고 퇴근을 하며 직원 명찰을 걸어놓는 곳에서 그 사람의 이름을 찾았다. 엥? 호성? 이름이 남자 같고 독특하기도 했지만 더욱 기막힌 건 내 이름 토성과 너무도 비슷했다. 얼마 지나지 않아 그녀가 속한 팀으로부터 받은 일상적인 업무 도움을 핑계로 팀 전체를 불러 식사를 대접했다. 상대를 알아보는 탐색전의 일환이었다. 관심있던 사람에 비해 반불청객들이었던 이들이 훨씬 많이 먹고 말도 많았지만 나는 계속 그녀를 주시했다. 그리고 동료인 경리부장에게 곧 있을 재고조사를 핑계삼아 우리 부서의 지원 인력으로 그녀를 보내달라고 부탁했다. 한 해를 마감하는 12월 마지막 날, 밤을 새는 작업에 그녀를 내 책상에 앉혀 일을 부탁하고는 나는 먼저 자리를 비웠다. 그녀가 사용할 컴퓨터 키보드에 영화 티켓을 꽂아두고.

그렇게 함께 나눌 수 있는 이야깃거리들을 만들어 첫 데이트를 청했다. 그리고 한 달이 되기 전에 12번을 만났다. 그녀에게서 풍기는 청순함, 우아함이 훈훈하게 전달되었다. 장녀여서였을까 어린 나이에 비해 생각도 깊었다. 더구나 내가 가졌던 불우한 가정 환경에 거부감을 느끼지 않았고, 그녀 역시 새엄마 아래에서 평탄치 않은 어린 시절을 보내며 자랐던 만큼 동병상련의 입장에서 서로를 이해하기가 수월했다. 이전에 만났던 사람들과는 다르게 내 수준에 맞는 사람처럼 편했고, 좋은 사람이라는 것을 아는 데 오래 걸리지 않았다. 내가 세운 어줍잖은 규정대로 한 달째가 되는 날이 마침 밸런타인데이였는데 남산에 있는 하이야트 호텔 커피숍에서 차를 마시며 작은 선물과 함께 프러포즈를 했다. 그리고 내 긴장을 무색하게 만든 그녀의 흔쾌한 대답으로 만난 지 한 달만에 결혼을 약속하고, 그해 11월에 식을 올렸다.

아내의 생일은 10월 6일. 내가 아내가 근무 중인 지점으로 발령받아 첫 출근한 날이고, 내 생일인 9일과는 3일 차이다. 이름만 비슷한 것이 아니었다. 난 이것 또한 우연이 아니라 믿는다. 하나님께서 오래전부터 내게 결혼할 대상으로 준비해 두신 반려자(Better half), 나의 반쪽이 맞다고 확신한다. 최고의 학벌은 아니어도 누구보다 현명하고 지혜로우며 아름다운 여인이다. 그녀는 내가 아는 주변의 누구보다도 글을 잘 쓴다. 그녀의 그림은 순수하고 따스한 온기가 있는 것 같다. 평탄치 않은 환경 속에서 자란 사람이지만 구김도 엉킴도 없다. 처음엔 내 나름대로의 이성적 기준에서 선택한 사람이지만, 시간이 갈수록 사랑의 감정이 커져 가는 정말 다시없는 사람이다. 주어진 상황에 굴복치도 않는 강한 여성이면서도 그렇다고 절대 나서지도, 튀지도 않는다. 어떻게 그렇게 착하고 귀엽고 고귀한 것이 한 몸에 공존할 수 있을까? 아내 자랑은 팔불출이나 한다는 말이 쑥스럽게 만들지만, 그래도 변함없는 내 삶의 가장 큰 선물은 바로 아내이다.

아내는 하나님을 믿는 사람이 아니었다. 그렇지만 특이하게도 부모님은 아내에게 어린 시절부터 남편을 만나면 그와 같은 종교를 가져야 가정이 평화롭다고 가르치며 의도적 무교자로 남겨 두셨었다. 기독교인의 결혼 대상은 같은 기독교인이어야 한다고 권유할 필요가 없었다. 아내는 그렇게 미리 결혼과 함께 전도되어질 사람으로 하나님께서 준비시켜 두셨다. 지금은 나보다 훨씬 순수한 믿음으로 하나님을 섬긴다.

결혼 상대를 찾는 데는 제각기 지론과 나름의 조건들이 있다. 그중에서 내가 가장 동의하지 못하는 것은 상대를 최소한 몇 해는 사귀어보고 결혼을 결정해야 한다고 하는 것이다. 하지만 그게 무슨 소용인가? 주변에는 7년을 사귀고도 결혼식 다음 날 헤어진 경우도 보았는데 말이다. 오히려 오래전 알았던 한 분의 결혼 스토리는 완전히 그와 반대되는 이야기다.

그분은 한국에서 만나는 사람도 없이 결혼 적령기를 지내다가, 홍콩에서 출장으로 잠시 한국을 방문한 남성을 친척으로부터 소개받았다고 했다. 월요일에 처음 만나 차를 한 잔 하고, 수요일에 다시 만나 식사 중에 청혼을 받았다고 한다. 더구나 그 남성은 기가막히게도 당신이 마음에 들지만 자신이 일로 인해 너무 시간적 여유가 없으니 이번 주 토요일에 결혼식을 올리자고 했단다. 말문이 막혀 아무 말도 못하고 헤어진 후 어머니께 말씀드렸더니 거의 쓰러지실 뻔했다고 한다. 하지만 결국 드라마틱하게 그 주 토요일에 결혼을 했고, 15년가량이 지난 그 시점까지 단 한 번의 후회도 없이 서로 사랑하며 너무도 잘 살고 있다고 했다. 그 이야기는 내게도 적용되었고 나 역시 실패하지 않았다. 오랜 시간 서로를 알아보고 난 후에 결혼해야 행복하다는 이론은 그다지 신빙성이 없어 보인다. 심지어는 동거를 조건으로 결혼 상대를 찾는다는 요즘 세대의 분위기는 정말 심각하지 않을 수 없다. 오히려 내 생각은, 사랑에 빠진 후 결혼을 하기보다 무리없는 기준을 세우고 이성적인 판단으로 사랑을 함께 키워 나갈 사람을 찾아 결혼에 뛰어드는 것이 확률적으로 행복할 가능성이 훨씬 높지 않나 싶다. 물론 너무 감정적이거나 분수 또는 이치에 맞지 않는 과한 조건을 내세워서는 어렵겠지만 말이다.

　재미있고 신기한 에피소드도 있다. 대학 시절, 아버지께선 내게 일찍 결혼하길 종용하셨었다. 왜 그러셨는지는 아직도 모르지만 그런 아버지의 뜻에 세뇌된 듯 나도 이른 결혼이 당연하다고 여겨지기 시작했을 20대 초반 즈음, 서울 종로의 영화관 골목 앞에서 그 시절 유행처럼 번졌던 컴퓨터 점을 친구들과 재미삼아 봤던 기억이 있다. 딱히 믿었던 것은 아니지만 누구나 하는 재미있는 게임처럼 생각했는데 그 결과지엔 내가 32세에 결혼하게 될 것이고, 6세 연하의 아내를 만나게 된다고 되어 있었다. 그때만 해도 32세는 기대와는 다른 말도 안 되는 늦은 시기이고, 6세 연하라는 이야기에 코 웃음을 쳤었다. 그런데 기막히게도 32세 생일을 맞은 해에 정확히 6살 연하인 아내와 결혼을 한 것이다. 귀신도 능력이 있어 알아맞히기도 한다는데 컴퓨터 귀신(?)도 무시 못 할 유사한 능력이 있기도 한가 보다. 🖋

21.
미국에서의 새로운 시작

1992년 첫 직장이었던 투자 신탁에서 근무 중에 미국에 머무시던 아버지로부터 예상치 못한 전화 연락을 받았다. "미국에 들어와라. 준비되었다." 정말 오랜만에 주신 연락치고는 너무 간결하고도 명령 같은 말씀이었다. 다른 아이들에겐 자상하고 친절하지만 나에게만큼은 딱딱하게 말씀하시는 그 아버지다웠다. 나는 적지 않은 충격과 갈등에 며칠을 고민에 빠져 있었다. 막연히 동경해 오던 미국, 그곳에 내가 갈 수 있게 되리라고는 생각해 보지 못했다. 어머니와 오랜 세월 헤어져 지내셨기에 나와의 만남도 빈번치 않았던 아버지는 미국 내 군소 대학 중 하나인 한의대에서 학장 겸 병원장을 하고 계셨다. 종종 내게 미국이 좋다는 말씀을 하셨었지만 현실성 없는 이야기다 싶어 귀담아듣지 않았었다. 그런데 갑자기 미국 유학을 위한 서류인 I20

양식이 준비되었다고 하면서 오라고 하시는 것이었다.

　학창 시절에 영화관에서 본 할리우드 액션 영화의 마지막 장면에서 주인공이 악당들을 모두 무찌르고는 황량한 벌판에 나 있는 고속도로 한가운데를 걸어오는 장면이 있었다. 물 한 방울 없고 좌우로 끝없는 지평선이 펼쳐진 그곳을 걸어가는 주인공 앞에 아지랑이가 겹쳐 오아시스처럼 보였는데 정말 신기하고 멋지게 보였다. 한국에서 태어나 자라오던 나로서는 상상조차 쉽지 않은 장면이었다. 그래서 '언젠가 그곳을 꼭 가 보고 말겠다' 하는 생각을 했던 것이 막연하기만 한 미국에 대한 기대의 전부였다. 그런 곳을 갈 기회가 생긴 것이었다. 그것도 단기 여행이 아닌 장기 유학이었다.

　내게 있어 아버지는 멀게, 어렵게만 느껴지는 분이었다. 아버지는 중학교 졸업 후 검정고시를 통해 고등학교 과정을 이수하고 어려운 독학의 길에서 보건학 박사 학위까지 얻으셨다. 동시에 한의학으로 3대째를 이어오시며 적잖이 명의 소리를 들었던 분이었지만, 가정을 돌보는 일이나 재산을 증식시키는 재주는 형편없으셨다. 누구나 알 만한 익숙한 특허를 몇 개나 가지고 계셨음에도 헐값에 어디론가 넘겨 버리시고, 그 시절 이해하는 이들도 없던 실버타운 개발을 위하여 동서남북 해외까지 걸음을 확대하시기도 했지만 결국 멋지게 이루신 것은 없었다. 어릴 적 어머니와 헤어져 지내시며 또 다른 부인들과 함께 생활하시던 모습은 앞으로 절대 따라 하지 말아야 할 본보기처럼 여겨졌고, 그나마 내게 미국에 들어갈 계기를 만들어 주신 것이 내가 기억하는 아버지와의 사이에 있던 굵직한 사건이지 않을까 싶다.

2주가량을 고민하다가 결국 회사에 사직서를 냈다. 사수이자 존경하던 대리님도 아쉬워하셨고, 환송식 자리에서 동료와 선배들이 축하보다는 다시 한번 생각해 보기를 권했다. 남들은 이런 회사에 들어오기 위해 유학을 떠나는데, 너는 유학을 간다고 이 회사를 박차버린다는 것이 말이 안 된다는 것이었다. 하지만 결심을 굳힌 나는 밀어 붙였다.

아버지께 연락을 받은 지 두 달여만인 1992년 7월 17일 제헌절에 새로 구입한 이민 가방에 대충 짐들을 채우고 김포 공항을 통해 첫 국제선 비행기를 타고 미국을 향했다. 얼마나 기대와 흥분이 컸는지 또 얼마나 긴장되었는지 모르는 순간이었다. 하지만 12시간을 날아와 막상 도착한 LA는 허접하기 그지없는 한국 시골의 한 도시 언저리 같았고, 그동안 같이 생활해 본 적이 없던 이복형과 한 아파트에서 서먹

한 첫 미국 생활을 시작했다. 그동안 직장에 다니며 모아 두었던 자금으로 미국 생활에 없어서는 안 될 차를 구입하고 몇 개월치의 아파트 월세를 내고 나니 얼마 가지 않아 바닥을 보였다. 사실 적지 않은 돈인 100달러라고 해도 미국에 온 지 얼마 되지 않은 사람은 금액의 크기가 잘 가늠되지 않아 쉽게 돈을 쓰게 된다고 했는데 나 또한 다르지 않았다. 미국은 한국에 비해 훨씬 물가가 높았다.

아버지는 애초부터 경제적인 부분에서 나를 지원하실 생각이 없으신 듯했고, 내가 미국에 들어온 지 7개월 될 즈음 한국에 출장을 나가셨다가 횡단보도에서 초보 운전자가 실수로 낸 자동차 사고로 인해 장기 입원을 하신 후 다시 미국에 들어오지 못하셨다. 결국 나는 예정했던 어학연수 과정 하나도 제대로 마치지 못하고 무자격자(유학생 신분으로는 공식적으로 일을 할 수 없다)의 제약을 감수하며 도시락 배달, 서점 아르바이트, 컴퓨터 개인 교습과 수리 등의 일을 하며 근근이 생활을 이어 나가야 했다. 투자 신탁에서 근무할 때는 전산 기획실에서 기기 및 장비 도입 담당 등의 업무를 하며 갑의 입장에서 나도 모르게 어깨에 힘이 들어갔던 것 같은데, 얼마 지나지 않아 당면한 미국 사회 생활에서는 노숙인 다음이다 싶을 바닥같은 생활을 이어 갔다. 수입이 별로 없던 한동안은 한 달에 최소 얼마면 살 수 있을까를 시험해 보기도 했다. 원 베드룸 아파트를 친구와 함께 나눠 사용하며 비용을 줄였고, 한달에 장을 두 번 보는데 쌀 한 포대와 김치 한 병, 그리고 라면 한 상자를 구입해서 먹고 지냈더니 월에 50달러(그 시기 기준 4만 원가량)가 들었다. 알고 지내는 친구들과의 여가 생활은 생각할 수도 없었고 외식 자리도 가급적 핑계를 대고 피했다. 24시간 영업하는 저렴한 식당인 데니스(Danny's)에 늦은 시간에 친구들과 들어가 1불짜리 커피 한 잔을 시키고 계속 리필하며 새벽까지 앉아 있었던 배고픈 기억도 선명히 남아있다.

초중학교 시절 대부분 중상위권의 성적을 유지했던 나였지만, 중학교 3학년이 되었을 때 경제적 상황이 바닥이었던 집안 상황을 핑계삼아 바깥으로 나돌며 노느라 공부를 멀리했었다. 그러고도 학력고사에서 비교적 넉넉한 성적을 받아 안심하고 있었는데, 하필이면 그때의 커트라인이 사상 최고로 높았고 난 겨우 2점 차로 1부 고등학교에 들어가지 못했다. 전날 무리하게 준비하고 몸이 안 좋은 채로 참석한 체력장 시험에서, 불참자에게 주는 점수와 동일한 최저점을 받을 만큼 형편없는 성적을 받는 일만 없었어도 부끄럽고 창피한 일반 고등학교 낙방 소식은 듣지 않게 되었을 텐데 말이다. 그런데 그 일이 전화위복이 되어 2부 고등학교 1학년 첫 시험에 전교 최상위권의 성적으로 장학금을 받았다. 그때부터 공부에 오히려 자신감이 들었다. 고등학교 졸업 시엔 계열 대학 학장이 주는 우수상을 받기까지 했다. 그러나 낮은 수준의 경쟁 속에서 느슨해질 대로 느슨해졌던 나를 대학이란 장벽은 비웃듯 가로막아 섰다. 사실 안정이 없던 가정 환경과 공부에 대한 부족한 의욕은 물론 대학 학비 마련 방법도 묘연했고, 친구들과는 달리 학원 문턱도 밟아볼 수 없던 현실 등으로 그다지 공부에 집중할 이유를 찾지 못했다. 그렇게 대충 준비한 나의 실력이 학력고사로 여실히 드러났던 것이다. 그동안 별 관심을 보이지 않으셨던 아버지의 제안에 따라 한의대에 무모한 도전을 시도했지만, 문과에서 이과 전공을 지원하여 입게 된 성적 손실을 차치하더라도 내 성적으로는 어림도 없었다. 이제 와서 생각해 보면 그 정도의 성적도 못 받을 만큼 공부를 멀리했던 내 자신이 부끄럽고 밉기도 했다.

실패로 인한 충격에 마음먹고 다시 도전해 보고 싶었는데 아버지께서는 무슨 이유였는지 재수는 안 된다며 극구 만류하셨다. 그즈음 우연치 않게 발견한 신문 광고가 숭실대학 내의 전자계산원으로 나를 이끌었다. 감사하게도 이곳에서 역시 높지 않은 수준과 경쟁 환경 덕분에 계속 장학금을 받으며 공부할 수 있었고, 이어지는 운으로 투자 신탁이라는 선망의 대상이 되는 회사에 입사하는 기쁨도 누렸다. 어쩌면 좋은 고등학교, 좋은 대학교를 갔더라면 그런 결과에 오히려 도달하지 못했을 수도 있지 않았을까 싶기도 했다.

구직 활동이 활발하던 졸업 시즌에 나는 그 시절 꽤나 선전하던 현대자동차 서비스에 당당하게 합격하였다. 그 소식을 가지고 감사 인사를 드리기 위해 찾아갔던 취업보도실에서 실장님은 보고 있던 신문을 내려놓으며 내게 한국 투자 신탁에 다시 지원해 보라고 제안하셨다. 일간지 전면에 대한민국 기업 급여 순위 100위를 나열한 내용이 있었는데 정부 투자기관인 한국 투자 신탁이 6위 기업으로 올라있었다. 마침 그 회사의 채용공고가 취업보도실로 와 있던 것이었다. 무슨 용기였는지 나는 현대에 입사 거부의 의사를 바로 전하고 투자 신탁에 지원하여 수십대 1의 경쟁을 뚫고 전산부 공채 입사에 성공했다. 그런 이후에도 13명 동기 가운데 유일하게 전산기획부에 발탁되어, 1일 3교대를 하던 운영부로 발령받은 동기들에 비해 보다 여유롭고 폼나는 직장 초년 생활을 누렸다. 딱히 많은 지식이 있지도 않았건만 때를 잘 탄 탓에 졸업 전에 잠시 가지고 놀았던 PC가 회사에 도입되면서 전사원 PC 교육 강사로 선정되어, 말단 사원이라는 직위에 어울리지 않게 대표님을 제외한 모든 이사님들에게까지 선생 또는 교수님 대우를 받기도 했다. 장기 전산화 개발 계획을 수립하는 사수를 도와 수백억 원대의 기기 도입의 기안서를 작성해 올리기도 했고, 전사적 전산화 장비 도입을 추진하는 업무를 맡기도 했다. 월급 외 보너스 1,400%는 지금까지 찾아보기 힘든 조건이었고, 계절이 바뀔 때마다 의복비, 명절 때마다 가족들을 위한 고급 선물에, 가족들의 병원비와 대학까지의 학비 지원이 모두에게 주어지는 혜택이 있었다. 그게 그렇게 귀하고 값진 기회였다는 것을, 안타깝게도 그만두고서야 뼈저리게 깨달았었다.

그렇게 힘들게 버텨오던 미국 생활은 딱히 뭐 하나 이룬 것 없이 결국 2년 만에 종지부를 찍고, 언젠가는 멋지게 다시 돌아오리라는 뜬구름 같은 희망만 갖고 한국으로 돌아왔다. 한동안은 백수로 지내며 자격증 시험에 매달렸고, 2년정도는 홍콩에서 직장 생활을, 그리고 7년간 유통업과 물류업 등 세계의 대표적인 회사에서 일하다가 9년 만에 다시 미국으로 이민을 가게 된 것이다. 그것으로 내 삶은 충분히 굴곡이 많다고 생각했다.

이 가운데에서도 신기한 경험이 있었다. 2001년, 유통회사에서 나름 승승장구하고 있을 때 마음 한구석에 무엇인가 채워지지 않는 갈증 같은 것이 있었다. 충분히 즐길만했고 부족함이 없다 생각했는데 이상하게도 뭔가 놓치고 있는 듯한 느낌이었다. '뭘까, 뭘까?' 오랜 시간을 고민했다. 그러다 어느 날, 정말 모처럼 만에 교회의 수요예배를 찾아갔다. 강변 북로에 근접해 있어 운전하다가 들어가기 쉬웠던 서빙고에 위치한 대형 교회였다.

유통업의 특성상 주일은 가장 매출이 높아 분주한 날이기에 매니저들의 휴무를 비공식적으로 금했다. 어렸을 적부터 교회를 다녔어도 깊은 신앙인이라 말할 수 없던 나는 형식적으로 주일 예배에 참석하는 것을 의무감처럼 지켰었는데 그나마도 회사의 사정으로 지속할 수가 없었다. 그렇게 4년여의 시간이 지날 무렵 하나님께서 부르신 것이 아닌가 싶었다.

오랜만에 찾은 교회 예배는 특별히 기억되는 말씀도 없었지만, 마지막 기도를 하는 중에 갑자기 마음이 뜨거워지더니 나도 모르게 걷잡을 수 없는 울음이 터져 나왔다. 뭔가 한이라도 쌓인 듯 소리를 내어 울었다. 눈물 콧물이 뒤범벅거리는 상황이었지만 쉽게 그쳐지지가 않았다. 잘못된 길에서 혼자 헤매던 나를 발견한 듯 놀라움과 외로움이 함께 몰려왔다. 지금처럼 살면 안 될 것 같았다. 하지만 딱히 대안이 떠오르지 않았다. 문제를 정확하게 모르니, 답이 있을 턱이 없었다.

결혼한 지 일 년 만에 첫아이가 태어났다. 아이 소식이 있을 때도 처음 느껴보는 이상야릇한 기분이 있었고, 태어난 직후에는 여태까지 느껴보지 못한 가장으로서의 무게감이 조금은 혼란스럽게 만들었었다. 좋은 아빠가 되고 싶은데, 나는 아는 것이 너무도 없었다. 준비가 된 것 같지 않았다. 4년 차를 지나면서 새로울 것 없는 회사 생활도 느슨해졌고, 회사일보다 가정의 미래에 대한 생각이 더 많아졌다. 내가 담당했던 곳이 개점 후 얼마 지나지 않아 전 세계에서 가장 높은 입지전적 매출을 기록하기도 했지만 크게 흥미를 느끼지 못했다. 우리끼리 속된 말로 '개점발'이라 부르던 행운 때문에 벌어진 일시적 현상이라 생각했다. 덕분에 그룹 회장이 한국의 우리 지점을 방문하는 영광을 누리기도 했지만 결국 내 능력과는 상관없다 싶었다. 그러던 어느 날 한국 지사에 감독 관리자(Supervising Controller)로 부임한 이사가 우리 지점을 방문하였고, 내가 담당하던 부서를 돌아보던 중 매장 관리에 소홀했던 점을 발견했다. 그리고 얼마 지나지 않아 실행한 재고 조사에서 있었던 회계부서의 실수가 내게 전가되는 일이 일어났다. 그러지 않아도 마음이 떠나던 차에 임계점을 넘기는 계기가 된 그 사건으로 미련없이 회사를 그만두었다.

곧 더 나은 삶, 더 가치 있는 삶을 위해 아내와 해외 이민을 이야기하기 시작했다. 한국이 우리 아기를 위해 좋은 환경을 지닌 나라는 아니다 싶었고, 우리 가족을 위해서도 의미 있다 싶은 도전을 감행키로 했다. 나는 이민 후 유용하게 쓰일 수 있는 IT 관련 자격을 취득하기 위해 정보기술 연구소 등에서 기숙하며 시험을 준비했다.

대부분의 이민 희망자들이 그렇듯 우리도 영어권 국가만을 선택지로 고려했다. 미국을 가장 선호했지만 이미 악명 높았던 미국의 까다로운 이민 조건들에 사실 지레 겁을 먹고 미리 제외했다. 그다음 우선순위들 국가인 캐나다, 호주, 뉴질랜드 등을 대상으로 이민 정책과 조건들을 살폈다. 출국 전 영주권 취득이 비교적 수월한 이들 국가 중 호주는 특별히 IT 경력자 우대 조건으로 약 2만 달러가량의 적지 않은 정착금까지 제안했다. 그렇게 우리의 결정이 굳어져 갈 즈음에 또다시 신기한 사건이 벌어졌다.

교회를 찾아 하나님이 주시는 평안으로 조금씩 마음을 정리해 가던 어느 수요일 저녁, 기도 중이던 내게 처음으로 선명한 어떤 부드럽고 묵직한 음성이 들렸다. 그 소리는 귀가 아닌 가슴을 통해 들리는 듯했다. 처음 경험하는 것이었지만 그것이 하나님의 음성이라 느껴졌다. "네가 원하는 미국, 그곳에 가렴." 나는 속으로 되물었다. "네? 정말

요? 무슨 방법으로 가나요? 거긴 가고 싶어도 제가 자격이 안 되는데요?" 다시 음성이 들렸다. "내가 그것도 못 해 줄 것 같으니? 걱정 마라"는 대답이었다. 정말 신기했다. 믿을 수가 없었다.

그렇게 호주를 선택하고 진행하려던 마음을 잠시 내려놓고 머뭇거리던 어느 날, 나와는 아버지만 같았던 형이 미국에서 출장차 한국을 방문했고, 어찌된 일인지 우리 집에 와서 하룻밤을 묵게 되었다. 그런데 떠나기 직전에 뜬금없이, "너 미국에 오지 않을래? 내가 스폰서가 되어 주마"라고 하는 거다. 내가 이민에 대한 말도 꺼내지 않았는데 말이다. 오래전 미국에 유학 가서 함께 생활하며 많은 갈등과 섭섭함으로 점철된 기억만 남았던 그 형이었다. 그런 관계의 형이 우리 집에 찾아오게 된 것도 쉽게 이해가 가지 않았지만 그런 제안을 듣게 될줄 꿈에도 생각지 못했다. 함께 듣던 아내도 의아해하며 서로 멀뚱멀뚱 마주 보기만 했다. 정말 소름이 돋았다. 두어 달 전에 들었던 하나님의 음성이 현실이 되는 순간이었던 것이다.

그때부터 미국으로 마음을 정하고 미국 입국 후에 있을 신분변경 절차를 위한 수순을 밟아 나가기 시작했다. 그러려면 비자 신청을 위한 자격을 먼저 갖춰야 했다. 첫 번째는 상용 비자 취득을 위한 안정된 직장 찾기였는데 헤드헌터를 통해 미국 항공사 중 한 곳에 입사했다가 다시 스카우트 제의를 받고 한 달만에 삼성 계열 유통사로 옮겨가게 되었다. 유통업 내에서 영업 부서를 담당했던 경험을 가진 IT 전문가가 흔치 않은 덕분에 CTO이셨던 전무님의 눈에 들었다는 거다. 이전에 동일업계에서 IT 팀장으로 있다가 영업부서 담당으로 보직 변경을 수용하고 경험을 쌓았던 것이 결실을 맺게 해 준 것이었다. 삼성에서의 경력은 미 대사관에서 상용 비자를 취득하는 데 큰 도움을 주었다. 상용 비자를 받고 담당했던 일이 어느 정도 마쳐질 때쯤 삼성도 그만두고 미국으로 향했다. 그것이 2003년 2월의 일이다.

안타깝게도 미국에 도착한 이후 형과의 스폰서 관계는 오래가지 못하고 또다시 맨바닥에서 시작하는 기막힌 상황을 겪기도 했지만, 적어도 하나님은 그분의 인도하심을 위해 다양한 상황과 조건을 사용하심을 깨달았다. 하나님께 집중하면 그분은 우리 삶의 목적과 방향을 긴밀하게 제시하여 주신다. 그리고 다양하고도 예상치 못한 방법으로 인도하여 주시는데, 우리는 종종 그 방법 자체가 목적인 줄 착각하며 의존하고, 또 그 과정이 실패할 때 삶 전체를 포기할 생각을 하는 실수를 범하기도 한다. 그래서 더욱 하나님의 뜻과 선하신 인도하심에 귀를 기울여야 한다. 하나님은 이런 자를 합당하다 여기신다. 🖋

22.
이사 중독

　살면서 나만큼 잦은 이사를 경험한 사람이 몇이나 있을까 싶다. 평균 2년에 한 번 이상 이사를 다닌 것 같다. 어린 시절 어머니와 아버지의 별거로 나는 대부분의 어린 시절을 어머니 손에서 자랐다. 그 덕에 본의 아니게 어머니를 무척이나 고생시킨 장본인이 되기도 했다. 신앙 생활을 하기 전, 힘든 나날이 계속되면서 어머니는 술이라도 한 잔하실 때면 "내가 너 때문에 죽지 못해 산다"고 한풀이하듯 되뇌이셨었는데 그 모습이 기억 속에서 지워지지 않는다. 한때는 잘나가는 요식업소를 운영하며 경제적으로는 비교적 윤택한 듯했지만 피난으로 인해 배움을 일찍이 멈추셨던 어머니는 재정을 관리하고 유지하는 데는 빈틈이 많으셨다. 결국 그 시기에 구입하셨던 건물도 관리를 맡겼던 부부에게 사기를 당해 모두 빼앗기고 다시 바닥부터 온갖 궂은 일들을 도맡아 하시면서 작은 형과 나를 키워 내셨다.

세 식구가 옆으로 돌아 누워야 함께 취침이 가능한 좁은 방 하나가 다였던 집에서 창호문 사이로 들어오는 외풍과 싸우며 겨울을 나던 기억이 있다. 부엌도 욕실도 없이 쪽마루 위 조그만 찬장 하나에 부엌 살림살이를 모두 몰아넣고 석유 곤로 하나로 끼니를 만들어 때우며 궁색한 생활을 했었다. 그나마도 감당이 안 되었던 어떤 시절엔 월세를 내지 못해 이사한 지 한 해도 채우지 못하고 리어카 하나를 빌려 짐을 싣고 이곳저곳 홍제동 변두리를 휩쓸기도 했고, 한때는 결국 주인에게 쫓겨나, 집 앞 공터에 가재도구를 전부 쌓아놓고 천막으로 덮은 후 어머니는 몇 개월을 외할머니댁에 형과 나를 맡겨 놓으시고 바깥을 떠돌며 생계를 위해 투쟁을 벌이시기도 했다. 그런 어린 시절이 내게 영향을 끼쳤던 것일까? 내게는 일종의 역마살이 있는지 여전히 많이 이동하며 살아가고 있다. 요즘은 그것을 '살'로 보지 않고, 적극적이고 활동성이 강한 성향의 '삶'으로 본다니 그나마 위로가 된다.

그동안 남부럽지 않은 여행을 했다. 한국과 미국에서도 각 지역을 다녔고, 여행으로 일부 지역만이라도 경험했던 나라만 60여 개국이 넘는다. 하나님이 지으신 기막힌 자연 경관들, 각 지역의 흥미로운 문화들, 선교사들의 척박하고도 가슴 아린 사역지들, 성경을 채우고 있는 역사적 장소들은 물론 주재원도 아닌 채로 자발적으로 거주했던 국가만 4개국에 이를 만큼 여행에 관한 풍성한 은혜를 누렸다. 어쩌면 이제껏 항공권 구매에 사용한 자금이면 집을 샀어도 두 채는 족히 샀을 텐데, 그 덕에 아직도 내 이름으로 된 집 한 칸이 없기도 하다. 매년 계약 기간이 만료될 즈음 어느 곳이 적절할까, 하나님께서는 어느 곳으로 우리를 다시 인도하시는가 긴장하고 기대하며 집을 찾아 떠돌이처럼 다니고 있다. 가끔은 다른 이들의 여유와 안정이 살짝 부럽기도 하지만 꼭 후회할 일은 아니다. 나는 그들과 다른 누림을 선택한 것이니 말이다.

 나이 들며 조금씩 철이 들고 내 이름으로 집을 갖는다는 것에 대해 고민해 본 적도 있긴 하지만 생각지도 못한 위중한 병에 한번 걸리고 나니, 어쩌면 이때까지 지극히 자기중심적 사고방식으로 살았던 것은 아닐까 하는 생각을 하게 되었다. 그런 일방적이고 주도적인 나를 넉넉히 이해하고 감당해 주었던 아내가 떠올라 갑자기 눈물이 맺힐 만큼 미안해졌다. 함께 사는 동안 그 수고를 모두 함께해 주었던 아내를 위해 안정된 집 한 칸 마련해 주지 못했다는 자괴감이 컸다. 오래전 유통사에서 제안했던 미래의 한국 지사장이라는 직함도 마다하고, 삼성이나 잠시 머물렀던 페덱스(Fedex)에서 역시 나름 창창한 미래를 기대할 수 있었을 텐데 나는 계속 마음을 다른 곳에 두었던 것이다. 버젓한 중견 금융사의 대표가 된 전 직장 동료나 대기업 요직에서 안정된 생활을 누리는 친했던 동료 또는 후배들의 소식을 들을 때면 한동안 아내의 얼굴을 쳐다보지 못한다. 물론 여전히 아내는 나를 응원한다. 그래서 더 미안하다.

미국으로 이민 와서 형이 지내던 헌팅턴비치(Huntington Beach)에 있는 아파트 내에 집을 얻었었다. 적지 않은 월세에 미국에서의 신용 점수(Credit)도 없어 한국에서의 신용 증명까지 제출해 가며 얻은 아파트였다. 미국은 한국에 비해 평균적으로 보수가 높았기에 확인도 없이 형의 회사에서 일을 시작했지만 형은 기대와는 달리 미국 내 한인 사업체의 열악한 급여 수준을 제시했다. 남가주 평균 보수의 절반에 가까운 금액이었고, 우리 4인 가족의 생활비로는 턱없이 부족했다. 최소한의 생활비 정도를 요구하는 내게 형은 아내에게 일을 시켜서 충당하라고 너무 쉽게 조언했다. 2살과 6개월밖에 안 된 아기들을 돌보는, 운전면허도 차도 없는 상황에 영어도 전혀 되지 않고 심지어는 일할 수 있는 신분조차 안 되는 미국 생활 초년인 아내에게 일을 시키라니 그것은 말이 되지 않았다. 부족한 생활비 마련을 고민하게 되니

일에 집중할 수 없었다. 그런 상황에도 아내는 혼자된 형을 위해 매일 저녁 음식을 넉넉히 준비해 형을 챙겼다. 하지만 식사를 마치고 나면 나는 다시 형의 집으로 불려가 밤 12시가 넘도록 일에 대한 토론을 이어 가야 했다. 주말이 되면 형은 아들을 우리에게 맡기고 개인적인 일을 보는 날이 잦았다. 그러한 생활이 지속되던 중 얼마 지나지 않아 햇볕도 잘 들지 않는 집에서 아이들과 온종일을 보내야 했던 아내에게 이상 증세가 나타나기 시작했다. 외로워하고 두려워했다. 힘겨워 하는 모습이 여실히 드러났다. 아내에게도 적응의 과정과 적절한 쉼이 필요했지만 난 그것을 심각하게 고려하지도 않고 심지어는 염두에 두지도 못했다. 그러다 결국 어두워져 있는 아내의 얼굴을 처음 발견했다. 속으로 삭히는 것이 자신도 모르게 얼굴로 나타난 것인 듯했다. 아차 싶었다. 그제서야 정신을 차리고 이건 아니다 싶어 형이 있는 아파트에서 다른 곳으로 이사를 감행했다. 6개월 만의 일이다.

이사 후에도 여전히 생활비 감당이 안 되어 한국에서 가져온 약간의 자금으로 메꾸며 지내는데, 갈수록 일에 대한 요구 또한 많아졌다. 그러던 중에 결국 우리 가족을 미국으로 인도하는 역할을 했던 형과 틀어지는 심각한 상황이 예상치 않게 발생되었다. 이사하면서 주소지가 바뀌어 형의 보증(Co-sign)으로 구매했던 자동차의 할부금 청구서를 수령하지 못했고, 미처 인식하지 못한 사이에 미납 통지가 형에게로 전달되었던 것이다. 화가 난 형은 전화로 나로 인해 자신의 신용 점수가 낮아졌다며 차를 당장 가져오라고 했다. 내가 기한 전에 알아차리고 대출은행에 연락해 납부했어야 했지만 익숙치 않았고 이사로 정신없는 와중에 일은 이미 벌어져 버린 것이다. 그다지 큰 지장이 있을 만큼 신용 점수가 낮아진 것은 아니지만 형이 내뱉은 한마디는 우리에게 너무 가혹하게 전달되었다. 자동차 없이 미국에서 지내는 것이 불가능하다는 걸 뻔히 아는 형이, 동생의 의도치 않은 실수한 번으로 차까지 뺏어가다니…. 형에게 실망도 컸고, 아내에게도 부끄럽고 미안했다. 더구나 혼자 지내는 형은 이미 가지고 있는 고급 세단으로 충분한 상황이었다. 홧김에 뱉은 말일 수 있다 싶어 다시 물어도 형은 뜻을 굽히지 않았다. 결국 차를 형에게 가져다주었다. 그리고 난감함에 며칠을 보냈는데, 알아보니 한인 자동차 업계에선 미국에서의 신용 점수가 없거나 낮은 이들에게도 차량을 구매할 수 있도록 도와주는 프로그램들이 적잖이 있다는 것이다. 나는 곧바로 같은 종류의 차량을 내 이름으로 구입하는 데 어렵지 않게 성공했다. 그 일로 형과는 오랜 시간 마음에 벽을 쌓고 지내게 되었다. 그때부터 한동안 피폐한 삶을 경험하다 일자리를 구한 곳이 LA 다운타운에 위치한 자바 시장(Jobber Market, 한국의 동대문 시장과 유사)이었고 우리는 다시

LA 한인 타운 끝자락으로 이사했다.

이때부터 예기치 못한 또 다른 고난이 우릴 기다리고 있었다. 교회가 있는 얼바인에서 1시간 반이나 떨어진 곳이지만 나와 아내는 고민 끝에 최대한 비용도 절감하고 시간도 아낄 수 있다고 나름의 지혜로운 결정을 내렸다. 그런데 그곳이 큰 시련을 겪게 될 곳이 될 줄은 몰랐다.

이삿짐을 옮기던 날, 열쇠를 받아 문을 열었더니 페인트가 마르지 않아 냄새가 진동했다. 입주 전 약 20일가량이나 비어 있던 아파트였음에도 불구하고 이사 직전에야 페인트 작업(미 서부의 아파트 내부는 벽지 대신 주로 페인트를 사용)을 마친 것이다. 처음 거실로 들어가는 우리 앞에 거뭇거뭇하고 지저분해 보이는 것들이 사방에 널려 있었다. 죽은 바퀴벌레들이었다. 기막힐 일이었지만 인부들을 부려 짐을 옮기는 상황에 다른 생각이 들지 않았다. 정신없이 빗자루로 쓸어 담으니 삿갓모자 만큼이나 쌓였다. 정말 한숨만 나왔다. 너무도 지저분하고 페인트 냄새가 가득한 그 집에서 어린 아기들과 함께 자는 것은 불가능하다 싶어, 결국 짐만 대충 밀어 넣어 놓고 교회 셀 식구의 집으로 가하루 신세를 질 수밖에 없었다. 이런 시작이 암울한 미래를 말해 주는 것 같았다.

　입주 전 주택 확인(Move-in inspection)을 하는데, 관리 안 된 아파트
답게 정리된 문제 리스트만 세 페이지 가까이 되었다. 1.8층 정도 되
는 집 높이에 거실 창문은 잠기지도 않았다. 아파트 관리 매니저에
게 정리된 리스트를 보냈지만 며칠이 지나도 아무런 반응이 없었다.
남미 사람들이 대부분인 주변 이웃들의 파티에 금요일 저녁부터 일
요일 저녁까지는 잠시도 조용한 시간이 없었다. 성능도 좋지 않은
스피커로 흘러나오는 찢어지는 듯 시끌벅적한 남미 음악은 고통에
가까웠다.

　이사를 계획할 때만 해도 직장 근처로 옮기는 것이 지혜로운 일이
라 여겼다. 거리가 가까우면 시간도 기름값도 아낄 수 있으리라 생각
했고, 아파트 가격도 조금 더 낮았기에 훌륭한 곳을 찾았다고 자화자
찬했었다. 하지만 실수였다. 거리가 꽤나 가까워졌는데도 엄청난 교
통 체증으로 인해 출퇴근에 소모되는 시간은 거의 같았다. 게다가 길
은 훨씬 복잡하고 험하게 운전하는 이들이 많아 긴장을 놓을 수가 없
었다. 이동 거리에 비해 기름값은 줄지 않았는데, 오히려 사고와 도
난 다발 지역이라는 이유로 자동차 보험료가 더 올라 기대했던 비용

절감은 물거품이 되었다.

얼마 지나지 않아 아이들 방 벽면에 곰팡이가 피기 시작했다. 시간이 갈수록 점점 커지더니 방의 두 면을 가득 덮었다. 역시 수리 요청을 해도 여전히 감감무소식. 아이들이 기침하기 시작하고 건강이 안좋아진 신호들을 보내기 시작했다. 소아과에 데리고 가 아이들 방에있는 곰팡이로 인해 생긴 증세인지 물었더니, 무슨 캘리포니아 기후에 곰팡이냐고 농담하지 말라는 답변이 돌아왔다. 의사의 답변이 더힘 빠지게 했다. 얼마 지나지 않아 안방의 마룻바닥이 언덕처럼 부풀어 올라 침대의 한쪽 다리가 들리기 시작했다. 지진이 아닌 이상에야어디선가 흘러 들어오는 물로 생겨나는 마루의 부풀림 현상이 틀림없었다.

설상가상으로 우리 식구들이 없는 사이에 도둑이 들어, 그나마 가지고 있던 몇 안되는 귀중품들을 모두 가져갔다. 심지어는 아이들 돌반지까지. 정말 어찌해야 할지 몰랐다. 경찰을 불러 조사를 부탁했는데 이런 케이스는 어차피 못 잡는다고, 그러니 조심했어야 한다는 하나마나한 소리만 늘어놓은 후 간단한 리포트를 작성해 주고 떠났다. "무슨 무슨 물품 도난당했음." 이때 세입자 보험(Renter's Insurance)이라도 가입했더라면 조금이나마 도움을 받을 수 있었을 텐데 미처 생각지 못했다. 얼마 지나지 않아 거실 창밖으로 마주 보고 있는 옆 아파트 단지의 한 집 현관문 옆에 놓여 진 새로운 냉장고가 눈에 들어왔다. 공교로운 시점에 냉장고를 구입하고 실내에 들여놓을 곳도 없는지 현관 밖에 설치해 놓은 것이다. 혹시 하는 생각이 있었지만, 확인할 방법도 없는 상황에서 무엇 하나 할 수가 없었다. 우리의 문제로 다른 이를 의심하는 것은 즐겁지도 원하지도 않는 일이었다.

거기서 끝이 아니었다. 딸아이의 생일을 맞이해 특별한 음식으로 축하를 하기로 했다. 평소에도 돈을 아끼느라 외식을 피하는 상황이었기에 써브웨이(SUBWAY)에서 겨우 12인치짜리 샌드위치 하나를 사 들고 들어와 온 가족이 생일 파티를 열었다. 그렇게까지 못 먹고 지내는 형편은 아니었지만, 그래도 우리는 아껴야 미래를 기대할 수 있다는 마음에 줄이고 또 줄이던 때였다. 가족들과 생일 축하 노래를 부르고 웃음꽃을 피우는데, 돌이 막 지난 작은 녀석이 창 밖을 내다보다가 고정되지 않은 방충망(Screen door)이 밀리며 아래층으로 떨어지는 낙상 사고가 발생한 것이다. 유아기의 아이들이 머리가 무거운 탓인지 한 바퀴를 돌아 떨어지면서 하체부터 떨어져 불행 중 다행으로 이마에 약간의 긁힌 상처 외엔 외상으로 문제가 없어 보였다. 순간 너무 놀라서 바깥으로 뛰어나갔는데 옆 아파트의 히스패닉 남자가 떨어진 아기를 보고 먼저 펜스를 넘어 들어와 둘째를 안아 내게 건네주었다. 너무나 고마웠다. 그래도 아이는 깊이 잠들지 못하고 자주 울며 보챘다. 놀라기는 한 것 같았다.

생각해 보면 도난에 이어 이 사고 또한 수리할 곳을 제때 고쳐주지 않은 아파트 측의 문제 아닌가? 유태인이 소유한 이 아파트의 관리자는 한국인 부부였는데, 수리 요청에 문제들이 빈번한 것을 호소했더니 "어차피 싼 게 비지떡이다. 알고 들어온 것 아니냐. 고소하려면 해라. 이 아파트를 소유한 유태인계 회사엔 유능한 변호사들이 많으니 상대가 안 될 것이다"라고 우리를 몰아붙이며 협박하는 듯한 말을 던지고 돌아갔다. 이민 선배들이 반복해서 말하던 같은 동포가 더 무섭다는 말이 실감이 났다.

모든 상황이 낭패였다. 이 모든 일이 1년이 지나기 전에 한 집에서 경험한 사건이었다. 왜 이런 일들이 일어나는 걸까? 왜 이런 어려움들이 한번에 몰아닥치는 걸까? 고민하고 기도하다가 한 가지 깨달음이 들었다. 우리의 실수는 우리의 알량한 지혜를 너무 믿고 앞서 나간 것이다 싶었다. 그것을 되돌리기 위해서 하나님께서는 즐겁지 않은 여러 가지 사인(sign)을 우리에게 보내셨던 것이다. 그렇다. 작은 결정도 하나님의 뜻을 먼저 확인하고 내렸어야 했건만, 우리는 그러지 못했다. 하나님보다 나의 지혜와 지식을 앞세운 것을 하나님께서 좋게 여기지 않으신 것 같았다.

　가장 힘든 1년의 계약 기간을 보내고, 배운 대로 기도하며 이사할 집을 찾았다. 오렌지 카운티 접경 지역에 얻은 작은 아파트지만 창고처럼 사용할 수 있는 차고(Garage)가 딸린 2층 구조였다. 주거 환경이 완벽하지는 않았어도 지난 아파트에 비하면 천국에 가까웠다. 멀어진 출퇴근길과 오른 월세를 제외하면 나머지 모든 상황은 현격하게 나아졌다. 일주일에 6일 가까이를 교회 훈련 프로그램들에 참가하고 사역을 돕던 시기였기에, 교회와 가까워진 것도 큰 혜택 중 하나였다. 이 집은 6년이나 지낸 내 평생에 걸쳐 가장 오랜 시간을 머문 집이 되었고 아이들과의 추억이 가장 많은 집이 되었다. 다시는 내 지혜로만 앞서 움직이지 않으리라 결심하게 된 큰 배움의 기회였다.

23.
사람과 천국

누군가의 말대로 우리는 어쩌다 만들어진 것일까? 우스갯소리처럼 부모의 불장난으로? 그렇다면 대충 살다가 가는 것으로 만족해야 할까? 누구에게나 기억되는 고귀한 삶의 주인공들은 어쩌다 그렇게 살아가게 되고, 우리가 존경하고 부러워할 경지에 다다르고 아름다운 죽음을 맞이한 걸까? 아니면 그들은 우리와는 애초에 다른 태생이었고 그들에게만 신(神)이라 불리는 전능자의 간섭이 있었던 걸까? 장담하건데 그 어느 누구도 몸이 갖는 오묘한 신비를 거슬러 어줍잖게 대충 만들어진 사람은 없다. 어린 아기도, 장애가 있는 사람도, 각각의 인종들도 모두 인체를 구성하는 세포, 장기, 뼈, 피부, 뇌 등 모든 것을 통틀어 기막히도록 잘 제작된 몸의 신비를 그대로 유지하고 있다.

별과 별이 부딪혀서 생겨난 우주, 그 사이에서 어쩌다 생겨난 루카 (LUCA, last universal common ancestor)라는 단세포 생물이 오랜 세월 변천과정을 거쳐 인간이 되었다는 이론을 믿는 것은, 우리 눈에 보이지 않는 전능한 존재가 있어 우리를 포함해 모든 것을 창조했다는 이론을 믿는 것보다 훨씬 큰 믿음 같다. 하나님은 그분의 목적, 즉 우리를 사랑하며 함께하기를 원하셔서 세상을 지으시고 우리를 창조하셨다. 그렇게 만들어진 모든 것들이 완벽하다. 우리가 이해하는 그 이상으로 신비하다. 피조물 가운데 가장 우월한 인간임에도 불구하고 우리의 수준에서 이해되지 않지만, 그렇다고 창조 세계를 우리의 이해 수준으로 가두려는 시도는 가여우리만큼 안타깝다.

예전에 만난 한 대학생이 있었다. 하나님이란 존재는 믿을 수 없으며, 자신은 보이는 것만 믿는다고 자신 있게 말했다. 보이는 것만 믿는다면 바람도 믿지 못하는 것인가? 세상에 태어나는 순간 그 광경을 지켜볼 수 없던 자신이 앞에 있는 여인을 어떻게 엄마라고 믿을 수 있는가? 우리가 아는 것이 세상의 전부가 아니다. 그렇듯 우리와 같은 모습으로 길어야 80년, 100년을 살아가는 사람들의 지식과 지혜로 그 모든 것을 다 헤아린다는 것은 불가능에 가깝다. 아무리 천재 과학자라도 결국 존재하는 것의 부분 부분을 자신의 제약된 사고 속에서 추론하고 판단하고 이론으로 정립하는 것일 뿐, 결국 극히 작은 일부에 대한 의견이고 완벽하지 않은 개인적 지론일 수밖에 없지 않은가.

최근 물리학 분야의 노벨상 수상으로 다시금 세상의 주목을 받게 된 양자역학/양자물리학(Quantum Mechanics/Physics)은 그동안 당연하다 여겼던 상식을 모두 뒤집는 듯한 놀라운 이론으로 우리에게 다가왔다. 그 이론은 한편으로 성경의 내용들을 믿는다고 하면서도 이해되지 않던 것들을 이해하는 데 많은 도움을 주고 있다. 죽었는데 살아있는 고양이의 이론, 상대적 시간 개념과 흐르지 않는 시간, 물체와 공간이 입자이고 파동이어서 다양한 형태 변화가 가능하다는 증명, 거시물리학과는 완전히 다른 미시물리학으로 본 세계, 동일한 원소의 다른 조합과 배열로 만들어진 전혀 다른 물질들, 얽힘이라는 상태, 3차원 이상의 실재 등등 신비한 내용들을 통해 오히려 나는 기존에 가졌던 진화론의 그럴듯함보다 이해가 어려웠던 창조론이 옳다는 것에 대해 더욱 큰 확신을 얻었다. 특히, 흙과 사람의 원소가 동일하다는 내용은 충격과 감동이 함께 전해지는 이야기였다. 창세기에서 하나님이 흙으로 사람을 지으셨다는 것이 조금도 개연성 없는 이야기로 들리기도 했었는데, 아주 큰 가능성을 제시한 이론이 아닌가.

천동설을 주장한 한 시대의 거목이었던 아리스토텔레스(Aristoteles)를 대적한 지동설의 코페르니쿠스(Copernicus)와 갈릴레오 갈릴레이(Galileo Galilei)는 죽을 때까지 자신의 이론을 검증하고 설파했지만 결국 죽은 후에야 그것이 맞음을 인정받게 되었다. 한순간도 멈춰본 일이 없이 적도 기준 시속 1,670km로 자전 중인 지구, 초속 약 30km에 달하는 태양을 기준으로 한 공전 속도를 가진 지구에 살면서도 그것을 알아내는데 역사가 시작되고 적어도 수천 년의 까마득한 시간이 흐른 후에야 알아낸 것이 우리의 한계이다. 그처럼 우리의 과학은 측정이 가능한 기술로 이미 존재하는 것들을 검증해 가는 과정이고, 심지어는 잘못된 결과와 제한된 답변으로 후대에 재검증이 필요한 내용 역시 많다. 보편적 지식에 머물러 있는 일반인들은 더더욱 휘둘릴 이야기가 아닐 수 없다. 어쩌다 보니 존재하게 된 인간과 세상이라 믿을 때의 리스크(risk)는 어떤 전능자가 창조한 것으로 믿는 믿음이 갖는 리스크에 비해 훨씬 크고 보다 비합리적이다.

하나님의 존재를 깨닫고, 믿고, 그분이 우리를 지극히 사랑하시며, 죄로 인해 단절된 우리를 예수님을 이 땅에 보내어 천한 사람의 몸을 입게 하시고, 대신 죽게 하심으로 우리를 구원하시고, 결국 자신의 사랑을 증명하시며 선한 목적을 이루어 내신 것을 모든 이들이 깨달아 받아들임으로써 천국을 선물로 받기를 간절한 마음으로 바랄 뿐이다. 그리고 그분 안에서 누리는 기적의 은혜를 이 땅에서부터 나눌 수 있기를 기대한다.

24.
기억 속의 죄

수십 번의 수술과 시술이 이어지는 몇 개월 동안 나는 살아있었어도, 깨어 있었음에도 그 기간 동안의 기억이 거의 없기에 여러 차례 아내에게 반문하며 기억을 짜깁기 해야 했다. 먹지도 마시지도 못 하는 상태에 셀 수도 없이 많은 전신마취와 독한 약들로 취해 있던 순간이 여전히 흐릿했고, 현실과 꿈을 구분하지 못했던 시간이 꽤나 길었기 때문이다.

잘 마무리 짓지 못한 이전의 수술 결과는 다음의 응급수술을 또다시 준비해야만 하는 상황으로 이어지고, 2019년 10월 15일 담낭 절제 수술을 받기 위해 응급실을 찾은 날부터 다음 해 1월 3일까지 음식물을 전혀 입에 대지도 못한 채 수액에만 의존해 지내야 했다. 사람이 그렇게도 살 수 있다는 것이 신기했다. 병원에서는 더 이상 안 되겠다는 판단이 들었는지 영양분이 있는 걸쭉한 액체를 입 대신 위장으로라도 섭취할 수 있도록 호스를 위에 직접 연결했다. 나 자신이 살아야겠다는 큰 의지도 없었고, 살아날 수 있다는 기대도 하지 못하는 상태에 있었지만 병원과 주변 사람들이 나를 살아있게 만들었다. 몸 속으로 약과 음식물 등의 삽입을 위한 3개의 튜브와 배출을 위한 3개의 튜브를 연결했었다. 많은 이들이 이야기하듯 분명 희망없는 순간처럼 보였을 시간들이었지만 이상하리만큼 나는 낙심되지 않았다. 큰 불만도 없었다. 그것은 긍정적인 내 성격으로 충분히 감당할 만한 일이어서가 아니었다. 누군가가 내 마음을 붙들고 지켜 주고 있었다. 정신이 차려지는 순간이면 짧게나마 간절하게 기도하게 했다. 내가 알고 있던 수많은 지인들이 나와 같지 않기를, 이런 어려움을 만나지 않기를 말이다.

나의 병은, 오랜 고민과 질문 속에서 몇 가지 원인과 의미를 찾을 수 있었다. 그 첫 번째는 어쩌면 지난 시간 동안의 죄 때문일 것이다. 난 주어진 상황에 단순하리만큼 쉽게 반응하며 거리낌 없이 나쁜 결정을 했던 것 같다. 쉽게 양심을 가리고 정도를 벗어난 지름길을 세상을 살아가는 지혜인 양 선택했다. 합리적이라는 명분으로 마음껏 이

기적이기까지 했다. 법정에 서거나 감옥에 가야 할 만큼은 다행히 아니었을지 모르지만 나의 행동들은 적어도 그 언저리까지 갔을 것이고, 우리의 기준보다 훨씬 높은 수준의 잣대로 판단하실 하나님의 눈에는 죄 투성이의 모습이었을 것이 확실했다. 우습게 여기고 넘기던 질투나 시기, 욕심을 넘어서 친구를 미워하고 부모를 원망하며, 싸우고 빼앗던 내 얼룩진 과거들, 내 마음대로 행동하며 사람들에게 상처를 주고 나 몰라라 했던 일들은 또 얼마나 많은가.

20년 전 미국에 들어온 후 3일간 진행되는 교회 영성 프로그램 일정에 참석한 기억이 있다. 둘째 날 저녁 순서 중 인도자의 안내에 따라 촛불에 의지한 채 전달받은 두어 장의 백지에 그동안의 기억나는 내 지난 죄를 적어내려가기 시작했다. 한 장이면 충분하겠지 싶었던 예상을 깨고 앞뒷면에 모두 써서 두 장을 가득 채우고 끝이 났다. 정말 죄의 백화점이라도 된 듯한 내 모습을 발견했었다. 시간을 더 여유롭게 주었더라면 어떻게 되었을까? 그 프로그램의 마지막 순서로 우리가 적은 모든 죄를 짊어지시고 예수님께서 대신 죽으셨다고 하시며 촛불에 태워 버리는 시간을 가졌다. 하지만 오랜 시간이 지난 지금도 그때 적지 못했던 죄가 순간순간 떠올라 살갗의 털이 쭈뼛쭈뼛 서는 듯한 느낌을 종종 경험하고 있다. 맞다. 예수님은 우리에게 내려오는 원죄와 우리가 지은 죄 또 우리가 지을 죄까지도 용서하시고자 십자가에서 그 고통을 감당해 주셨지만, 그러나 또한 중요한 것은 그 모든 죄에 대한 대가인 벌은 여전히 우리가 감당해야만 한다는 것이다. 예수님의 용서는 죄로 인해 끊어졌던 하나님과의 관계를 회복시키는 것이고 천국을 허락받는 것이지만 이 땅에서 지내며 지은 우리의 모든 죄에 대한 책임 앞에 우리는 자유롭지 못하고 결과 또한 분명히 져야 하는 것이다.

사랑하고 존경하던 지인 한 분이 예수님을 믿지 못하고, 또 특별히 개신교인을 받아들일 수 없다는 이야기를 하신 적이 있다. 자신을 기독교인이라 소개한 어떤 이의 배신으로 어려움을 겪었는데, 그 사람은 예수님을 통해 자신의 죄를 이미 모두 사함 받았다는 것에 잘못된 근거를 두고 피해자 앞에서 너무도 당당했던 것에 더 큰 실망을 했던 것이다.

성경이 이야기한 것처럼 죄는 죄 없는 자를 통해서만이 용서받을 수 있다. 죄 있는 자가 또 다른 죄 있는 자를 용서하지 못한다. 그래서 우리에겐 예수님이 필요한 것이다. 그리고 성경에서도 자신의 잘못으로 인해 피해 입은 이에게 찾아가 몇 배를 갚고 용서를 구하는 것이 맞다는 말씀이 곳곳에 있다. 결국 죄의 결과는 내게 고통으로 돌아온다. 나에게 직접, 때로는 나의 사랑하는 가족들에게 전가되어 결국 내가 통감하는 상황에까지 이르기도 한다. 그렇기에 더욱 우리는 하나님의 거룩한 법에 어긋나지 않고 올바른 삶을 살아가기 위해 최선을 다해야 한다. 정신 바짝 차리고 말이다.

나훔 1:2-3

여호와는 질투하시며 보복하시는 하나님이시니라 여호와는 보복하시며 진노하시되 자기를 거스르는 자에게 여호와는 보복하시며 자기를 대적하는 자에게 진노를 품으시며 여호와는 노하기를 더디 하시며 권능이 크시며 벌 받을 자를 결코 내버려두지 아니하시느니라 여호와의 길은 회오리바람과 광풍에 있고 구름은 그의 발의 티끌이로다

25.
내 교회는 어디에

아무 곳이나 마음 편한 교회를 찾아 가서 신앙생활을 하면 되는 줄 알며 오랜 시간을 지냈다. 그러다 마음에 맞지 않으면 또 쉽게 옮겨가고. 그런데 하나님께 귀 기울일수록 그렇지 않다는 것을 깨달았다.

나는 어린 시절 서울에서 유일한 촌마을이자 홍제동으로 더 알려진 문화촌에서 태어나 그곳에서 계속 살며 교회를 다녔다. 서울 중심부에서 멀지 않은 산으로 둘러쌓인 작은 동네였지만 그곳에서 태어나 19년을 지내며 동네를 벗어나는 것을 생각해 보지도 못했다. 대학 생활을 시작할 즈음 문화촌을 떠난 이후엔 눈에 띄는 교회, 내 기대와 목적에 맞는 교회를 찾아 마음 편히 움직였다. 유목민처럼, 당연히 그렇게 나에게 선택권이 있다고 생각했다.

미국에 이민으로 가족과 함께 들어왔을 때 아내와 난 깊은 고민없이 온누리교회를 선택했다. 한국에서도 틈틈이 나가서 좋은 말씀과 좋은 목사님에 마음 편했던 교회였기에, 남가주에 온누리교회가 있다는 것만으로도 기뻤던 우리는 고민할 필요가 없었다. 그런데 생각지 않은 변수가 생겼다. 원래 예수님을 믿지 않던 형이 결혼생활 중에 잠시 다녔던 교회를 우리 가족이 나가면 자신도 가겠노라고 하기에, 예상치도 못한 비자발적 선택을 처음 하게 되었다. 겨우 몇 주 지나지 않아서부터 형의 모습을 교회에서 다시 보지 못했지만 이미 적을 두고 등록을 했던 우리는 그렇게 계속 베델에 남게 되었다. 정착 과정 중에 교회로부터 필요한 여러 가지 도움도 받고 함께 어울리게 된 셀 가정들을 통해 큰 위안을 얻기도 했다.

형의 회사에서 일을 그만두고 새롭게 LA 다운타운에서 일하기 시작할 때, 교회에서 하는 모든 강좌와 모임, 훈련에 참석하다 보니 한 주에 6번을 교회를 오가기도 했다. 그러다 왕복 3시간이 넘는 거리를 매일 그렇게 다니는 것이 그다지 효율적이지 못하다 생각되어 LA 주변 가까운 곳에서 괜찮은 교회를 쇼핑(?)하기로 했다. 두 달 동안 여덟 차례의 주일을 이곳저곳 좋다는 교회를 기웃거렸다. 하지만 그런 노력에도 불구하고 가는 곳마다 왠지 마음도 불편하고 이곳이다 싶은 교회를 찾기 어려웠다. 결국 베델교회로 다시 돌아왔을 때 부모님을 찾아 돌아온 듯한 평안함이 있었고, 기도하는 중에 하나님께서 우리를 의도적으로 이 교회에 부르셨다는 느낌이 들었다. 그것이 정말 하나님께서 우리에게 원하셨던 일인 듯, 확실히 많은 결실들을 맺게 하셨다.

멀리 떨어진 타향살이에서 가족보다 더 가까운 이웃, 이웃보다 더 가까운 셀 가족들을 만났다. 힘들고 어려운 일을 함께 돕고, 외로움을 달래 주는 친구같은 셀 가족들은 너무도 귀한 자산이었다. 유아기부터 함께했던 아이들이 모두 잘 자라 지금껏 절친들로 지내는 것도 감사한 일이 아닐 수 없다. 10여 년이 지난 후, 남아있던 이 교회에서 셀 식구에게 장기를 기부함으로 생명을 살리는 일에 영광스럽게도 기여할 수 있었으며, 머지않아 축복 속에 교회의 파송 선교사가 되어 멋지게 땅 끝을 향해 나가는 기쁨을 얻기도 했다.

누구나 경험하는 일이 아닌 이 모든 사건들은 내가 선택해서 다른 곳으로 떠났으면 아마 일어나지 못했을 결과들이라 생각된다. 하나님은 우리가 무슨 일을 할 때나 어떤 선택을 할 때, 특히 교회를 선택할 때도 내 편의에 초점을 맞추기를 원치 않으신다. 그 모든 일을 익숙함이나 편안함, 내 이익이나 기분에 맞춰 결정하고 행동하면 하나님의 역사는 일어나지 않는다. 매 순간 하나님의 뜻과 인도하심에 귀 기울이고 주시는 마음과 응답에 순종함으로 얻는 이득과 영광이 그 모든 것보다 크다. 하나님은 우리의 예상보다 더 전능하시고 기대보다 더 선하시며 우리를 사랑하기로 지으신 이 이시기 때문이다.

얼바인 베델 교회

26.
기대하지 못한 부흥

오래된 기억 속, 서울 한구석에 위치한 문화촌의 한 교회를 다녔다. 그다지 크지 않았던 교회였음에도 불구하고, 초등학교 친구들과 어울려 지내다 중학생이 되었을 때쯤 우리 학년 친구들만 총 6~70명에 이르렀고, 형 동생 누나 할 것 없이 정말 친구같이 어울리는 공동체 생활을 경험했다. 교회를 건축할 때는 학교를 마치고 벽돌 나르기, 시멘트 섞기 등 갖은 잡일을 앞다투어 하며 내 교회를 만드는 데 서로서로 손을 보탰고, 다양한 행사나 프로그램들을 밤을 새워가며 준비하면서 더 이상 가까울 수 없는 어울림이 만들어졌었다. 재미도 있었다.

첫 직장을 그만두고 미국에 유학을 왔을 때, 어릴 적 교회 친구를 우연히 만나 1시간 거리인 밸리 지역에 있는 교회를 다녔었다. 개척

된 지 얼마되지 않은 교회는 멋지고 젊은 목사님께서 UCLA로 유학와 학업을 마치고, 하나님의 부르심에 순종하여 개척한 곳이었다. 전체 인원 100여 명 남짓한 가운데 내가 속했던 청년부의 인원은 고작해야 8명에 지나지 않던 시기였는데, 가자마자 총무라는 감투를 쓰고 회장을 도와 이런저런 활동을 이어 가다 보니 교회 생활이 삶 속에 깊이 자리잡게 되었다. 매주 교회 주보를 만들고 작은 일들을 도와 목사님을 보필하면서, 미국을 떠나기까지 2년 사이에 청년수만 50여 명이 넘는 성장을 이루었었다. 여러가지 모임과 이벤트에 즐겁게 어울리며 함께했는데 자발적으로 모여든 이들로 북적였던 기억이 뿌듯하게 느껴졌다.

미국에 이민와 섬기게 된 베델교회에서의 부흥은 나누면서 커지는 구역 또는 목장이라고 흔히 불리는 '셀'을 통해 이루어졌다. 체계적이고 중심 잡힌 교회에서의 셀 배정 방식으로 함께 모인 이들은 이웃이나 친구를 넘어 이민 생활에 새로운 가족들을 얻는 기회가 되었고, 서로를 돌보며 웃고 울고 어울리는 좋은 셀 가족들을 만나 깊은 사귐을 갖는 것은 축복이라 여길 만하였다. 그중에서도 난 유독 눈에 띄는 셀의 성장을 경험했다. 보통은 네다섯 가정을 묶어 하나의 셀을 만들어 주고, 새롭게 합류하는 가정들로 인해 셀이 커지면 여덟 가정이 되었을 때는 분할하여 두 개의 자생력 있는 셀로 만드는 것이 일반적인데, 내가 몸 담았던 셀은 그 성장이 꽤나 폭발적이어서 총 여덟 개의 셀까지 늘어나며, 전체 인원이 130여 명에 이르기도 했다. 봄 계절 피크닉과 가을 추수감사 시즌에 가졌던 전체 모임 때는 큰 공원이나 교회 체육관에서 모여야 할 만큼의 규모가 되었는데, 그렇게 많은 인원이 모여도 누구 하나 소외됨 없이 멋진 공동체를 이루었고 교회에서 좋은 모델로 인정받기도 했다. 주일이면 예배를 마친 후 교회식당에서 점심을 같이 하고, 또래 아이들을 한글학교에 들여보낸 후 남성들은 탁구나 배구 등의 운동을, 여성들은 교회 카페에 앉아 담소를 나누었고 중요한 교회 사역이나 봉사에 적극적으로 참여하였으며, 종종 공원에서 모임을 가지며 온 식구들이 가깝게 어울렸다. 흔히 하는 경험은 아니라 부러워하는 이들이 적지 않았을 만큼 우리에게도 의미 있는 즐거운 시간들이었다.

교회의 다양한 프로그램들을 경험해 볼 수 있는 것 역시 값진 기회였다. 그것은 배움에 머무르지 않았고, 함께하는 이들과의 깊은 관계 형성에도 도움이 되었으며, 무엇보다 끈끈하게 이어지는 네트워크(Network)들은 서로를 위해 기도하고 위로하고 함께 기쁨을 공유하는 중요한 바탕이 되었다. 누구도 부럽지 않을 만큼 풍성한 교제와 만남

베델에서 만난 소중한 인연, 셀 가족들

의 축복 그 자체였다. 뭐라고 정답을 말할 수는 없겠지만, 자신의 이익을 위한 퇴색된 복안(腹案)을 갖지 않은 순수함과 함께함의 재미에 더해 소속감과 자긍심을 느끼게 하는 의미가 담겨 있었다는 공통점이 존재하는 것 같았다. 신앙생활이 재미 중심일 수는 없겠지만 마음이 함께 어우러지는 편안함이라고 표현하면 좀 덜 불경스러울까?

어쩌면 하나님께서 관계를 이루는 데 절대적인 요소로 공동체의 즐거움을 창조하셨는지도 모른다. 무익한 재미나 부적절한 유흥이 아닌 건전하고 따뜻하며 서로를 위하는 중에 느끼는 즐거움 말이다. 때로는 웃음과 눈물이 있고, 감동과 교훈도 있고, 섬김과 나눔, 양보와 희생이 넉넉히 존재하는 화목한 공동체는 어떤 상황에서도 성장하게 되는 것 같다. 너무 의도적이지도 않고 작위적이지도 않지만 잔잔히 느껴지는 관계의 따뜻함. 이 역시 하나님께서 간섭하시고 이끌어 주심이 없이 사람의 능력만으로는 불가능한 일일지도 모른다.

지금처럼 가나안 성도(교회를 안 나가는 성도)들이 많아지는 변화한 세태를 다양한 시각에서 바라봐야 하고 우리 또한 변방이 아닌 책임감을 갖는 한 사람으로서 주도적으로 이 안타까운 현실의 문제를 타개해 나가야 한다고 생각한다. 본질이 변해서는 안 되지만, 변화하는 세상 그리고 달라진 생각의 방식에 맞게 우리의 대응과 접근 방안 등이 변해야 하고, 더 궁극적으로 다음 세대를 맞이하는 기성세대의 자세와 마음가짐 또한 변화해야 한다.

그동안의 이분법적 논리로 배워왔던 교회와 세상의 성속(聖俗) 분리가 어떤 부작용을 일으켰는지, 기복신앙으로 인해 다가올 폐해에 대해 너무 무지하지는 않았는지, 본이 되지 못하고 입으로만 타인을 가르치려 했던 표리부동(表裏不同)한 모습이 남아있지 않은지, 상대의 능동적 높임을 통해 권위를 세움 받지는 못하고, 하나님의 말씀을 빌어 겁박과 언어 폭력 등으로 자신의 권위를 인정해 줄 것을 강요하는 안타까움은 없었는지, 새로운 신조어처럼 우리 역시 '내로남불'의 프레임 속에서 벗어나지 못하고 있던 것은 아닌지 등등 더 늦기 전에 우리 자신을 돌아보고 변화해야 한다.

더 중요한 것은 하나님께서 지으신 태초의 목적을 기억하고 창조의 질서를 회복해야 하며, 우리의 욕심과 기대, 변질된 목적을 내려놓고 신앙의 기초인 복음으로 돌아가 다시 시작해야 한다. 그러기 위해 올바른 신학에 대한 관심도 필요하다. 주일 설교만으로는 충분치도 않고, 바른 기준 정립이나 균형을 유지하기 위해서도 성경적 신학을 올바로 공부해야 한다. 제대로 된 신앙을 위해서 선별되고 검증된 내용이나 과정에 시간과 에너지를 투자해야 한다. 나를 포함해 더 이상 기독교와 성경을 오해하거나, 자신의 편의대로 해석하고 왜곡된 길로 걸어가는 이가 없어야 한다. 진심을 다해 그 길로 안내하는 목자를 찾아야 한다.

이 시대를 사는 이들은 말만 앞서는 멘토보다 귀감이 되는 모델을 찾는다. 예수의 본을 삶 속에서 녹여낸 진정한 리더를. 🖋

27.
영주권 취득기

내가 한국을 떠나 미국에 들어올 때는 전자여행허가(ESTA) 제도가 없었던 시기였기에 무조건 비자를 가지고 있어야만 입국이 가능했다. 직장이나 특수 상황들을 제외하고는 영주권을 받아 들어오는 극소수와 관광 또는 상용 비자를 가지고 들어오는 사람들이 대다수였다. 영사 또는 이민 심사관은 주로 국익에 도움이 되는 사람들 위주로 까다로운 비자 발급 규정을 제시하는데, 나는 삼성이라는 브랜드를 등에 업고 상용 비자를 어렵지 않게 받았다. 하지만 1년 반 전에 있었던 9.11사태로 인해 잔뜩 까다로워진 심사에서 우리 가족이 일시에 입국해 체류신분 변경에 필요한 4개월 이상의 체류 허가를 받는 것이 쉽지 않다는 어두운 소식을 접했다. 그러나 다행히도 지인인 하 사장님의 도움으로 무사히 최대 기간인 6개월 방문 허가 도장을 받을 수 있었다.

가족과 함께 도착한 미국은 혼자 여행할 때와는 비교할 수 없이 어깨를 무겁게 했다. 게다가 안타깝게도 영주권 스폰서를 해 줄 형을 믿고 사업을 돕기로 했던 약속은 무색하리만큼 겨우 몇 개월만에 막을 내렸고, 막막해진 생계는 물론 영주권 신청 방법 역시 묘연해졌다. 우리 가정에 엄청난 어려움이 닥친 것이다.

처음 남아공을 방문하도록 이끌어 주셨던 선교사님께서 소개시켜 주셔서 알게 된 하 사장님은 한국에서 이미지 관련 비즈니스를 하시던 분으로 우리 가정이 미국으로 떠나기 전부터 여러모로 우리 가족을 도와주셨다. 더불어 나를 통해 미국으로의 사업 확장을 기대했지만 당장의 자급자족이 문제였던 내겐 시간적 자원과 재정적 준비, 어느 하나 충분치 않았고 아이디어만으로는 실행에 옮기는 데 한계가 있었다.

형과의 결별 후 몇 개월이 지나도 생각보다 새로운 일자리가 구해지지 않았다. 구직 광고를 수없이 찾아 이력서를 제출했지만 실속이 없었다. 속이 타 들어갔다. 하 사장님이 주신 멋진 포토 카드 만여 장을 이곳저곳 소매점들에 비치해 판매해 보려 해도 목적에 맞게 디자인된 것이 익숙한 미국 현지인들에겐 반응이 없었다. 이미지를 기반으로 한 캘린더 제작 주문을 받아보려고 뛰어다녔지만 역시 한 손에 꼽을 만큼밖에 지나지 않았다. '대리 기사라도 해야 할까?' 고민하며 막막한 하루하루가 이어지던 어느 날 모처럼만의 인터뷰를 실패하고 돌아왔는데, 두툼한 업소록을 뒤적이는 아내의 뒷모습을 발견했다. 뭐 하는 거냐고 물으니 자기도 나가서 식당에서 설거지라도 해야지 않겠나 싶어 찾아보고 있었다는 답변이 돌아왔다. 갑자기 마음이 무너져 내리고 나의 무능력이 이 정도였나 싶어 뼈를 맞은 듯 아팠다. 부끄럽고 미안했다. 창피한데 숨을 곳이 없었다.

고난은 무리를 지어 온다고 했던가. 엎친 데 덮친 격으로, 돌이 갓 지난 작은아이의 목 뒷편에 있던 혹이 커져서 목 둘레 전체를 감싸고 전부 멍들어 보랏빛이 된 것을 발견했다. 태어난 지 얼마 되지 않아 발견되었던 목에 자리잡은 혹은 병원에서 엑스레이와 초음파 판독 후 향후에 자연스레 없어질 가능성도 있으니 통증을 호소하지 않으면 그냥 두라는 의사의 소견을 받았었다. 그랬던 혹이 갑작스럽게 커져 있었고, 만져 보려 하면 아이가 자지러지게 울었다. 깊은 한숨이 흘러나왔다. 교회 셀 목자 아내의 남동생이 병원에 근무 중이어서 그분의 소개로 급히 의사를 만났다. 수술이 필요한 상황으로 보인다고 했다. 그리고 수술 비용으로 2만 달러(약 2천4백만 원)에 입원비와 약값 등이 필요할 거라고 했다. 아무 방법도 보이지 않는 나락으로의 추락 같았다. 아무것도 기대할 것 없던 그때, 아내와 나는 새벽예배를 가기 시작했다. 그렇게라도 해야 했다. 그 방법 외엔 떠오르는 것이 없다. 아이들을 모두 재워놓고 교회를 찾아가 하나님을 붙들고 기도했다. 정말 간절한 마음을 담아 기도했다. 마치고 돌아오면 아이가 깨어 엄마 아빠가 없는 것을 발견하고 눈물 콧물이 범벅이 되어 울고 있기도 했다. 마음이 아프지만 절망적인 상황이 그리고 더 시급한 것들이 우리를 계속 교회로, 기도로 이끌었다. 수술 날짜를 잡기 위해 방문하기로 한 2주 째가 되었을 때, 아침에 병원으로 가는 길에 아이 목을 살폈다. 그렇게 커져서 시퍼렇던 멍이 모두 없어지고 혹은 원래의 크기보다 작아져 있었다. 병원에서 보더니 이정도라면 수술이 필요 없을 것 같다며, 어떻게 된 일인지 오히려 우리에게 자초지종을 물었다. 우리는 기도한 일 외엔 없는데…. 의사는 다시 시간을 두고 지켜보자고 했고, 너무나 감사하게도 20여 년이 지난 지금까지 재발되지 않았다.

그러나 날이 갈수록 은행 잔고는 바닥으로 향했다. 9월 말이면 월세도 낼 수 없는 우리는 아파트에서 쫓겨날 상황이었다. "하나님, 우리 어떻게 해요. 하나님께서 미국으로 인도하신 거 아니셨나요? 왜 이런 고난에 우리를 두시나요…."

9월의 마지막 날, 정말 한국으로 돌아가게 될 수 있음을 받아들이기로 한 우리는 갈 때 가더라도 TV 광고에 항상 나오는 LA 한인타운 내의 김스전기(Kim's Home Center)에 구경 삼아 한번 들러 보기로 했다. 아이들이 외울만큼 단순한 TV 광고로 익숙한 김스전기는 아내도 언젠가는 한번 방문해 보고 싶다고 했었기에 큰맘 먹고 한 시간 거리를 올라갔다. 차에서 내려 입구로 들어서려는데 전혀 생각지도 못했던, 매장에서 나오는 반가운 형을 만났다. 10여년 전 미국에 처음 와서 아르바이트를 하던 컴퓨터 회사의 부사장님이었다. "너 홍콩에 있었는데 여기 왠일이야?", "얼마 전에 이민으로 가족과 함께 다시 들어왔어요", "그래? 그럼 연락을 했어야지" 하며 전화번호를 나누고 헤어졌다. 그날 오후, 그분의 친형이었던 사장님으로부터 연락을 받았다. 반가운 인사에 이어 그동안 무슨 일을 했냐고 물었고, 이전에 유통분야에서 매장과 매출 관리시스템인 포스 시스템(POS system) 등을 관리했다고 답했다. 그런데 사장님이 반색을 하시며 다음 주부터 출근하지 않겠냐고 제안해 주셨다. 최근 시작한 포스 시스템 부서의 담당자가 한 주 전에 일방적으로 그만두어 막막한 상태에서 고민 중이셨다고 한다. 소름 끼치는 기적이 아슬아슬한 타이밍에 일어난 것이다. 약속받은 급여는 형에게서 받던 것이나 한국에서 받던 급여에 비해 턱없이 낮은 액수였지만 기대가 낮아질 대로 낮아졌던 나는 "하나님 감사합니다!"를 연거푸 외쳤다. 더불어 영주권 수속을 위한 스폰서가 되어 주겠다는 약속도 해 주셨다.

에어컨도 없이 찌는 듯한 남가주의 더위를 온몸으로 견뎌야만 하는 열악한 창고 형태의 근무 환경이지만 기쁜 마음으로 감사하며 일했다. 팀을 맡아 시스템 세일즈와 설치를 담당하던 나는 1년쯤 지나 규모 있는 업체와의 큰 거래 계약을 성사시킬 수 있었다. 내가 한 것은 거의 없었다. 성실히 제안서를 준비하고 프리젠테이션을 한다고 했지만 계약이 가능하게 하신 분은 정말 하나님이셨다. 그 거래를 통해 곧 회사는 급속도로 성장했다. 근무 인원도 2.5배 가까이 늘었고, 사장님은 차 한 대로 아내와 카풀을 하는 내게 멋진 차도 선물해 주셨다. 회사의 재정이 좋아지면서 영주권 스폰서로서의 자격은 든든해졌다.

변호사를 통해 영주권 수속도 비교적 순조롭게 진행되던 어느 날, 또 하나의 비보가 전해졌다. 변호사 사무실에 있던 사무장이 서류를 모두 폐기한 채 도망을 가는 말도 안 되는 일이 벌어진 것이다. 기막힌 상황이었다. 4년 넘게 진행한 영주권 수속이 한순간에 물거품이 된 것이다. 또다시 난 아무것도 할 수 없음을 고백하는 상황에 놓였다. 처음부터 다시 수속을 시작할 용기도 힘도 나지 않았다. 결국 "하나님, 어차피 모든 것이 하나님의 손에 달렸습니다. 주시길 원하시면 주시고, 아니시면 우리가 무슨 힘이 있겠습니까." 그렇게 기도했다. 그리고 그 일이 있은 지 반년이 채 안 되어 갑자기 메일이 날라왔다. 영주권이 처리되었으니 지문을 날인하라는 연락이 온 것이다. 어떻게 된 일인지 이해가 되지 않았지만 이유와 상관없이 너무 반가웠고 감사했다. 그렇게 2008년 12월 23일에 크리스마스 선물과도 같은 영주권을 우편함에서 수령했다. 모든 일은 하나님께 달린 것이 맞다.

단순계(Simplicity system)와 복잡계(Complex system)라는 것이 있다고 한다. 입력을 통해 정확한 출력이 예측 가능한 것을 단순계라고 한다면 복잡계는 입력으로만 출력이 결정되지 않는 시스템을 말하는데 바로 세상은 복잡계라고 한다. 공부 잘하는 사람이 꼭 출세하거나 성공하지 않는다. 개천에서 용이 나기도 한다. 상상이 어려운 우연이나 기적들이 우리 주변에 적잖이 발생하고 그것이 세상을 이룬다. 복잡계 속에선 우리가 예측하고 가늠하는 것이 지극히 제한적이다. 바로 하나님께서 주도적으로 만드시고 관여하시는 시스템이 세상이라는 뜻이다. 나를 위해 최선을 다하는 것보다 더 중요한 것은 하나님께서 만드신 시스템을 이해하고 진정한 삶의 목적과 가치를 발견하며 그분의 선하심과 전능하심에 기대어 그분이 제안하는 길로 순응하는 것이 우리에게 주어진 문제에 대한 최고의 해결책이자 최선의 선택인 것이다.

하나님을 우리가 올바로 인정하고 받아들이는 순간부터 그분을 향한 영광이 시작된다. 동시에 우리 또한 그분의 사랑과 은혜를 더욱 풍성히 누리며 같은 영광을 바라볼 수 있게 됨을 믿는다. 🖋

28.
생각지 못한 여행업으로

우리 나라는 해외여행 자유화가 1988년 서울 올림픽 때부터 시작되었으니 꽤나 늦은 편이었다. 그리고 그즈음 내가 몸담았던 "세계로 가는 기차"라는 범대학생 세계 여행 클럽이 만들어졌고 짧은 시간에 엄청난 회원이 모이며 폭발적인 성장을 맞았다. 그때 만난 친구들과 함께 잠시나마 동아리 모임 같은 여행업 비슷한 것을 경험하기도 했다.

2008년 내가 다니던 비교적 안정적으로 성장하던 컴퓨터 회사가 휘청거리는 사태가 일어났다. 리먼 브라더스(Lehman Brothers)의 몰락으로 시작된 경제 공황이었다. 이곳저곳에서 물품 구매를 취소하는 것은 물론 청구 금액들의 지불을 미루기 시작했고 파산하는 업체가 속출했다. 쉽지 않은 시기에 사장님은 사업을 접어야 할지 심각하게 고민하다 결국 공식적으로 모든 직원을 퇴사시켰다. 하지만 여전히 남아있는 거래 업체들과 서비스 계약이 유효한 고객들이 존재했고 그들을 위해서라도 최소한의 명맥이라도 유지해야 할 책임을 느낀 사장님은 나를 다시 불러 최소 인원으로 사업을 감당해 보자는 제안을 하셨다. 하지만 나보다 더 어려운 상황을 맞이했던 후배들에게 자리를 양보하고, 그동안 관심을 두었던 자동차 블랙박스(Dash-Cam) 사업을 시도하기로 마음먹었다.

소매(Retail business) 업소들을 대상으로 영업과 시스템 설치를 담당하면서 각 매장들이 필요로 하는 포스 시스템과 함께 보안 카메라를 동시에 취급하며 몰랐던 분야에 대한 식견을 늘려 나갔었다. 그 과정에서 관련 전시회를 관람하던 중에 차량에 부착이 가능한 보안 카메라를 개발해 보라는 아이디어를 제안한 적이 몇 차례 있었는데, 마침 어느덧 상품화되어 블랙박스라는 이름으로 세상에 나온 것이다. 멜팅팟(Melting pot)이라 불릴 만큼 세계 제 1의 이민 사회인 미국에서는 교통사고가 나더라도 언어에 제약이 있는 소수계 이민자들이 겪는 불이익이 상대적으로 컸다. 그런 상황이 발생할 경우 이 장비는 굳이 말이 필요 없도록 사고 현장과 상황을 알아서 녹화해 주고 증거로 사용이 가능하니 정말 요긴하고도 혁신적인 상품이었다.

한편으로 여행업을 하던 친구가 2년 전부터 함께 일해 보면 어떻겠냐는 제안을 해 왔었다. 90년대에 대학의 여행 동아리에서 만난 친구는 미국에서 여행사 아르바이트로 시작해 개인 사업을 일군 후 10여 년 만에 수백만 달러의 매출을 일으키며 선전중이었다. 나는 대박 가능 상품인 블랙박스 사업이 안 되면 그날로 가겠다며 제안 승낙을 뒤로 미뤄 두었었다.

최소 형태의 법인을 세우고, 재력이 있는 지인들을 호텔 컨퍼런스 룸으로 불러모아 투자 설명회를 열었다. 2009년 6월 25일, 오후 2시로 예정된 설명회는 서로 안부를 물으며 화기애애한 분위기가 무르익을 무렵 약간 늦게 시작했다. 한데 몇 마디 하기도 전에 투자에 가장 관심을 보이던 친구가 다급한 목소리로 전화를 받더니 미안하다는 말과 함께 급히 가봐야한다며 설명회 장을 떠났다. 미국의 유명 가수였던 마이클 잭슨(Michael Jackson)의 사망 소식 때문이었다. 의류업에 종사하던 그 친구는 폭발적 수요와 수익으로 연결될 사건임을 직감하고 마이클 잭슨을 인쇄한 티셔츠를 만들어야 한다며 뛰어나갔던 것이다. 난 그 순간 힘이 빠졌다. 사실 여행업을 하는 친구와의 약속도 약속이지만 하나님께서 인도하시는 길이면 이번 투자가 성공적으로 이뤄지게 해 주시고, 만일 하나님의 뜻이 아니면 설명회의 실패와 함께 멈추게 해 달라고 기도해 왔었기 때문이었다.

결국 블랙박스 사업은 내 몫이 아니었다. 남은 지인들과 기대할 것 없는 설명회를 간략히 마친 후 그 길로 호텔을 나와 멀지 않은 곳에 위치한 친구의 여행사 사무실로 힘없이 걸어갔다. 난 그렇게 어쩔 수 없이 새로운 길인 여행업으로 들어가게 된 것이다. 친구는 돈은 버는 것 같은데 손에 쥐는 게 없다면서 재정의 누수를 찾아주고 앞으로 변화하는 여행업계에 대해 대비할 수 있는 전략을 세워달라고 부탁했었다. 그나마 조금 경험했던 기획 업무, IT, 그리고 조직 사회에 익숙한 점 등이 그 친구에게 어필이 되었던 듯 싶다.

그러고는 반년가량 지났을까? 경제 공황의 여파가 조금 늦게 도착한 여행업도 무사하지 못했다. 사업은 급속도로 힘들어져 갔다. 새벽 시간에 출발해 오전 7시 정도면 친구와 나는 사무실에 모여 기도를 했다. 그것이 우리가 할 수 있는 최선이었다. "하나님, 친구에게 힘을 주세요. 우리에게 새로운 문을 열어 주세요." 매일 아침 기도를 하다 보니 친구와 더욱 가까워졌고, 현실적 상황이 좋아진 것은 아니었음에도 어디서인지 모를 힘이 솟아나기 시작했다. 생각해 보면, 친구의 고비를 함께 이겨 나갈 수 있도록 기도의 동역자로 붙이신 것이 아니었을까 싶다.

어려운 시간이 이어지면서 나는 친구에게 더 이상 짐이 되고 싶지 않았다. 부담을 덜어주기 위해서 그리고 오히려 시장을 확대할 수 있는 방안을 모색하기 위해서라도 경쟁이 심하지 않은 얼바인 지역에 한국의 여행 상품을 미국 내의 타 민족 이민자들에게 소개하는 도매, 그리고 한인들에게 일반 여행 상품을 판매하는 소매 여행사를 설립하는 모험을 하게 되었다. 아무것도 얻은 것 없이 물러서기보다는 오히려 도전의 기회로 삼았던 것이다. 사업을 시작하고 난 후 쉽지 않은 시기를 거쳐야 했지만, 오히려 분주할 것 없는 상황과 비교적 자유로운 근무시간이 검사를 위한 시간 부담을 경감시켜 주었고, 결국 신증 기증으로 생명을 살리는 일까지 가능하게 했다. 만일 그 시점에 내가 직장에 매인 생활을 했더라면 사전 검사 단계는 물론 수술 후 회복 과정을 감당하지 못했을 것이다.

또 하나 신기한 것은, 신장 기증 후 수술 회복을 위해 집에 누워 머문 한 달이 가장 큰 수입을 올린 시기라면 믿기 어려울 것이다. 여행업에 전혀 경험이 없던 아내가 전화와 이메일로 주문만 받고 거래처에 주문 내역을 전달하는 것이 다였는데, 단 한 가지 상품으로 단기간

에 최고의 수입을 올렸다. 정말 하나님께서 일해 주시지 않았다면 불
가능할 기적이었다. 🖋

29.
평범함으로 책을 쓰다

　오래전 청춘남녀들의 배우자에 대한 기대를 재미있게 들은 적이 있다. "저는 그냥 평범한 사람을 원해요", "예를 들면, 당신에게는 어떤 게 평범한 것인가요?", "음, 키는 중간 이상이면 되고, 신체 건강하면 되고, 대학 졸업자 정도면 되고, 부모님 모두 계시고, 아파트 하나 정도는 준비해 올 수 있으면 되고, 중견 기업 이상에 근무하면 되고, 얼굴은 다른 곳에 나가서 너무 빠지지 않으면 되고…" 이야기가 이어질수록 숨이 차오른다. 이 모든 조건을 충족하는 사람은 이미 평범치 않다는 것을 간과하는 듯했다. 그런 여러 가지 조건을 잘 겸비한 상대가 왜 당신 같은 사람에게 오겠냐는 우스갯소리도 우리를 되돌아보게 만드는 웃을 수만은 없는 조언 같다. 우리가 기대하는 평범한 조건 몇 가지 정도만 충족된다면 그 사람이 평범한 수준이 아닐까? 어차피 하나님은 그 나머지 부족함을 내가 채우고, 나의 부족함을 상대가 채울 때 더 돈독하고 아름다운 관계로 하나가 되어지도록 사람을 지으셨으니 말이다.

이 책을 쓰는 나 역시 갈등과 고민이 적지 않았다. 딱히 내세울 '거리'가 없는 나로서는 주변 사람들이 책을 쓰면 좋겠다고 할 때마다 자격지심이 들며 머뭇거렸다. 대성한 사업가도 아니고, 뛰어난 학력이나, 유명세를 얻어 본 일도 그다지 기억에 없는 나는 그냥 주변에서 흔히 만날 수 있는 평범한 사람 그 자체였다. 굳이 하나를 집는다면 "위중한 병을 이겨 낸 평신도 선교사 이야기" 정도 될 것이다. 그런 내가 쓴 책을 과연 누가 읽어줄 것인가? 지인들에게 강매라도 하면 몇 권 정도는 사 줄 수 있겠다 싶은 것이 다일 텐데 말이다.

그러나 용기를 낸 이유가 있다. 너무 이상적인 생각 같지만, 비범하거나 특출 난 사람들이 쓰는 이야기들은 독자와 거리감이 느껴져 멋진 이야기로만 끝나는 것이 일반적일 수 있는데 나처럼 지극히 평범한 사람이 쓰는 이야기는 읽는 이들의 삶에 부담 없이 비춰 보고 현실적으로 적용하게 하며, 보다 의미 있게 읽혀질 수도 있으리라는 작은 소망과 믿음에서 결단하게 된 것이다.

내가 가장 안타까워하고 감사해하며 사랑하는 나의 가족은 당연히 어머니다. 6남매의 첫째로 태어나 초등학생 시절에 6.25 전쟁으로 피난 생활을 하며, 그 어린 나이에 생활고로 인해 친척집에 허드렛일을 하는 식모처럼 팔려갔다고 하셨다. 먹고사는 일이 어려워 한 사람의 입이라도 줄이는 것이 어쩔 수 없는 선택이었을 시기였다. 학교생활을 지속하지 못하셨기에 글을 읽는 것도 어려워하셨고, 그로 인해 순수하지 못한 사람들의 단골 희생양이 되시기도 했다. 아버지와 헤어지면서 나와 형을 키우기 위해 그야말로 뼈를 깎는 갖은 고생을 다하신 분이 어머니시다. 파출부, 요구르트 판매원, 식당 주방, 건강식품 판매원, 조리사, 떡볶이 가게 등등 어느 누구보다 힘든 삶을 자식을 위해 희생하며 사셨다. 또한 그 어려움 속에서 한순간도 포기하지 않으시고 자식을 키우는 데 자신의 책임을 다하셨다. 그래서 나는 가난을 벗 삼아 살기는 했어도 어머니의 사랑과 견고한 신앙의 기반 아래 크게 어긋나지 않고 자랄 수 있었음을 감사하게 생각한다. 그런 모습의 어머니는 어쩌면 그시절 평범함의 모델이셨을지 모른다.

나는 어릴 적 가정 형편과 상황을 핑계대며 공부를 소홀히 해 고등학교, 대학 입학에서 고배를 마시기도 했고, 여러 직장을 옮겨 다니다 겨우 들어온 미국에서 다시 바닥부터 시작하기도 했고, 우여곡절

속에 영주권을 얻고, 조금 안정될 즈음에 경제 공황사태로 직장을 잃게 되고, 덕분에 새로운 일에 도전하고 또 그 일이 실패를 거듭하다 조금 안정을 찾을 때쯤 장기 기증을 기회로 삶에 대한 기준이 급변하게 되었다. 이어 선교사라는 이름으로 파격이라 보일 수 있는 삶의 전환점을 맞게 되고, 이젠 특별할 것 없는 암을 얻어 투병을 하고, 또 감사하게도 회복되어 이전과는 다른 가치관과 세계관으로 남은 삶을 감사하며 누리고 있는 평범함이 나다. 누구나 삶 속에 자신들만의 이야기들이 있듯이, 나 역시 나만의 소중한 기억들로 점철된 삶의 과거를 가지고 과거를 추억한다. 그러나 한 가지 자랑할 것은 그 평범함 안에서 남다른 하나님의 기적과 은혜를 만끽하는 중이라는 점이다.

나와 같이 평범한 독자라면 나의 평범함을 아프게도 느끼며 기쁘게도 여길 줄 알게 되기를 조심스레 기대한다. 그것이 공감이 되면 이 책을 쓰는 난 충분히 성공한 것이다. 적어도 독자와의 눈높이를 맞추는 것은 말이다. 각기 다른 모양이지만 누구나 이미 갖고 있을 각자의 삶 속에 펼쳐진 기적과 은혜를 발견하는 기쁨은 곧 덤으로 주어질 것이다.

가난이 부끄럽지 않은 이유

앞에서 이야기했듯 나는 어린 시절부터 가난을 경험했다. 숨을 쉬면 입김이 얼 것 같은 한겨울 늦은 저녁, 집에 들어가면 연탄불이 꺼져 꽁꽁 언 것 같은 방바닥을 데우기 위해 번개탄과 씨름도 수없이 했다. 그조차 없을 때는 퀴퀴한 냄새가 가시지 않은 솜이불 한 채를 의지한 채 서로의 체온으로 잠이 들 수 있을 만큼 따뜻해지길 기다리다 지쳐 잠든 밤도 손에 다 꼽을 수 없다. 거한 외식은커녕 좋아하던 짜장면 한 그릇을 가족과 함께 나가 사 먹어 본 기억도 없다. 용돈이라는 것이 있는지도 몰랐던 학창 시절을 보냈다.

중학생 시절엔 집에 누울 곳이 마땅치 않아, 한겨울이면 히터도 없는 교회의 딱딱한 장의자에서 잠을 청하며 새벽예배를 마치면 집으로 돌아와 등교 준비를 했던 2년여의 아릿한 기억도 있다. 가난이란 상황이 이유가 되어 기도를 가까이하고, 하나님과 돈독한 시간을 가졌던 것이라 포장해 볼 수 있을까? 케익에 꽂은 촛불을 수줍게 불었던 나의 첫 생일 파티는 고등학교 2학년 때였다. 케이크를 사 들고 예고도 없이 우리 집에 온 친구와 후배들이 너무 반갑고 고마웠지만, 어머니는 편찮은 몸을 이끌고 바깥에 있던 창고 같은 부엌에서 아무런 고명 없이 초고추장만 한 숟가락씩 넣은 불어터진 쫄면을 대접해 주셨었다. 창피함으로 먹는 내내 어쩔 줄을 몰라 했던 가슴 아린 기억이 있다.

예전의 어려움은 이젠 지난 추억으로 접어둘 수 있지만, 아직도 동료들이나 주위 사람들이 대부분 가지고 있는 집 한 칸 내 이름으로 가지고 있지 못해 아내에게 면목 없음은 이미 언급했다. 어차피 아이들이 대학으로 떠나 기숙사 생활을 하니 아내와 둘만 남은 상황에 여러 개의 방이 왜 필요할까 자위하며, 지금은 아예 방 하나짜리 집에서 월세로 지내고 있다. 하지만 지인들과 어울리다 그들의 사는 모습에 우리를 비춰 보면서 순간순간 자괴감이 들기도 하고, 욕심이 고개를 치켜들기도 하는 것을 느낀다. 더욱이 아이들이 방학 기간 동안에는 기숙사를 비워야 해서 집으로 돌아온 지난 방학 때는 자그마한 거실에 매트리스도 아닌 토퍼(Topper, 찜질방 매트 같은 두께의 부드러운 요) 하나를 깔고 서로 부둥켜 안고 자는 모습을 보고 있자니 아빠로서 내가 지금 뭐 하는 건가 싶어 갑자기 가슴이 찡해지고 부끄러움에 몸이 움츠러 들기도 한다. 오랜 미국 생활에 익숙해진 아이들이라 바닥 생활이 낯 설 텐데 불평 하나 없이 저녁마다 소파 뒤에 숨겨놓은 토퍼를 꺼내 이부자리를 까는 그 상황에 대한 책임은 모두 나에게 있다.

아이들을 며칠간 그렇게 재우고 나는 침대에 누워 자는 것이 정말 마음 편치 않았다. 그래서 아내와 의견을 나누고 아이들에게 침대를 내주려고 하니 아이들이 괜찮다며 극구 사양한다. 내가 또 고집을 부려 아이들을 방으로 들여보내고 하룻밤을 거실 바닥에서 자고 나니 허리가 뻐근하고 등이 쑤셔서 감당하기가 쉽지 않았다. 겨우 하룻밤을 지내고는 반쯤 포기하는 마음을 먹는 중에 아이들이 자신들은 아직 어려서 아무렇지도 않다는 말에 슬쩍 방을 다시 차지했다. 그리고 그 편치 않은 미안한 마음으로 여전히 지내고 있다. 욕심을 내려놓다가도 가족을 위하는 마음이 뒤쳐지는 것처럼 느껴질 때면 집 마련에 우선순위를 두어야 하나 조금 흔들리기도 한다. 선교 현장의 가난과 척박함을 경험한 이후라 웬만한 상황에도 감사만 하게 될 줄 알았다. 감지덕지다 싶을 줄 알았다. 그렇지만 내가 거주하는 지역의 환경에 비교하게 되는 내 모습 역시 나를 더욱 갈등 속으로 내모는 것 같다.

그러나 죽었다 살아난 내가 아닌가. 몇 번을 죽었다가 다시 생명을 허락받은 내가 아닌가. 그렇게 새롭게 태어난 이후의 삶은 바뀐 가치관으로, 나 중심에서 타인 중심의 삶을 살기로 하지 않았는가. 조금이라도 이득이 되는 것을 선택해 왔던 지난 삶과는 달리, 이제는 내게 손해가 되더라도 타인에게 득이 되는 것이 있다면 양보하기로 하지 않았는가. 내가 풍요 속에 남겨 쓰레기통에 버리는 음식들이 지구 반대편의 기아를 더 가속시키는 것을 배우지 않았는가. 누군가는 해야할 힘들고 어려운 일이 있다면 내가 먼저 나서기로 하고, 누구나 원하는 득이 되는 일에는 한 걸음 물러서기로 하지 않았는가. 하나님께서 어차피 나그네 인생처럼 길지 않은 삶을 우리에게 부여하며 영원한 삶을 구하고 준비하는 데 사용하길 원하셨는데 이 땅에서의 부와 안정된 집이 얼마나 의미를 가지며, 그 안에서 얼마나 평안을 더 누릴 수 있겠는가?

하나님의 사람들이 다르게 살아가는 모습을 솔선수범해야 한다면, 경쟁사회 속에서 남다른 기준과 가치관으로 다른 선택을 하는 게 맞다. 그리고 쉽지 않지만 그것을 우리 아이들에게도 최우선 가치관으로 가르쳐 주어야 한다. 오지랖 넓은 아빠로서, 남편으로서, 한 인간으로서 무모하고도 티도 안 날 일에 뛰어들어 괜히 어려움을 자초하고 가족들까지 힘들게 하는 것일지도 모른다. 무엇보다 나 자신부터가 싸움의 대상이다.

그러나 분명 부요한 자임에도 자발적으로 가난의 모습을 선택하는 멋진 이들이 세상에는 존재한다. 내게 깊은 감동을 주었던 이름 없는 지인들은 차치하고라도, 면세점(DFS)을 설립하고 운영하여 재벌이 된 척 피니(Chuck Feeney), 버크셔 해서웨이(Berkshire Hathaway)를 운영하며 투자의 귀재라 불리는 워렌 버핏(Warren Buffett), 이케아(IKEA) 창업주인 잉바르 캄프라드(Ingvar Kamprad), 현대의 창업주 정주영 회장, 일찌감치 교회를 분립시켜 다음 세대 목회자들에게 일임하고 선교적 사명을 위해 에스겔 선교회를 설립해 어려운 사역자들을 돌보는 김동호 목사, 그리고 최근 청렴한 목회자의 모델이 되신 한국기독교 100주년기념교회의 전 담임 이재철 목사 등등은 존경받아 마땅한 위인들이고 그들이 세상에 끼치는 영향력은 실제로 강력하고 대단하다. 그분들은 겉으로 보이는 모습만이 아닌 내적 풍요가 누구에게도 뒤지지 않는 분들이다. 비할 수 없이 가진 게 적은 나이지만 주어진 상황에서 그분들과 같은 가치관을 가지고 살아가는 것이 맞다고 여겨지기에 계속 삶의 수준과 눈높이를 낮춰가려 한다. 그리고 내게 들어오는 자원을 더 낮은 곳으로 흘려보내는 기쁨과 그로 인해 어려움에 처해 있던 타인이 느끼는 감동과 하나님을 향한 감사의 모습에서 즐거움을 찾아가며 살아가려 한다. 가난해 보여도 절대 가난하지 않다. 가난해지기로 노력하는 자의 가난은 부끄러운 게 아니다. 나를 통해 자원이 흘려보내지기 시작하면 그 통로 역시 갈수록 커진다. 흘려보낼수록 누림은 더 커진다.

우리 집에선 새것을 찾아보기 힘들다. 대부분 무상으로 얻거나 중고로 장터에서 저렴한 가격에 가져온 것들이다. 그런데 아이러니하게도 무슨 모델 하우스 같다는 소리를 종종 듣는다. 옷은 사람들이 기부한 헌 옷을 받거나 굿윌(Good Will) 또는 구세군 매장에서 구한다. 발품 파는 것이 일이긴 하지만 싸고 좋은데 재미도 있다. 더구나 환경에도 좋다고 아이들이 오히려 거든다. 풍요롭지는 않지만 그렇다고 가족의 행복 또한 크게 유실되지 않았다. 결국 부요함은 행복에 그다지 영향을 주지 않는다는 것을 다시 한번 깨닫는다.

31.
잊지 못할 케이프타운, 그리고 선교사

내 기억 속의 남아공을 이야기하지 않을 수 없다.

대서양과 인도양이 만나는 곳, 희망봉(Cape of Good Hope)과 테이블 마운틴(Table Mountain)이 위치한 케이프타운은 아름답기로 소문난 아프리카 제1의 방문지이다. 오래전 백인들이 들어와 식민화시키고 그 과정에서 그들을 위해 개발되어 발전한 일부 지역과, 이런 곳과는 동떨어진 환경속에 인구의 반이 넘는 소외된 이들이 살아가는 엄청난 규모의 빈민촌들이 공존하는 아이러니한 도시다. 가난과 범죄 그리고 질병에 더해 가장 최근까지 정책적으로 유지되었던 인종차별이 넬슨 만델라(Nelson Mandela) 대통령으로 인해 끝을 맺었지만 그 아픔과 상처는 모두에게 아직도 생생히 남아있어 여전히 불투명한 미래를 지닌 나라이기도 하다. 그래도 바다에서 불어오는 꽤나 강한 바람 덕으로 공기는 세계 어느 나라, 어느 지역보다 맑다고 자부하는 곳이 케이프타운이고, 지중해성 온난한 날씨와 상대적으로 저렴한 물가 그리고 천혜의 자연환경들을 누리기 위한 유럽 부유층들의 노후 정착지로 항상 손꼽히기도 하는 곳이다.

아프리카 최남단에 위치한 남아프리카 공화국은 아프리카 대륙 54개국 중 가장 발전한 경제 상위 국가로 알려져 있으며, 우리에겐 희망봉, 권투선수 홍수환의 마지막 경기 장소, 2010년 월드컵 개최지, 넬슨 만델라 대통령, 그리고 최후까지 공식적 인종차별이 이어졌던 아파르트헤이트(Apartheid)의 나라로 기억되고 있다. 좌측엔 대서양과

케이프타운의 노을

우측엔 인도양이 서로 만나 어장이 풍부하고, 아름다운 자연에 캘리포니아와 유사한 온화한 날씨, 거기에 심각한 자연재해가 없는 곳으로 또한 유명하다. 직항편이 없어 한국이나 미국에서 방문을 하려면 오랜 비행시간을 각오해야 하지만, 원래 귀한 것일수록 닿기 어려운 곳에 있다고 하지 않던가. 고행을 각오하더라도 충분히 그만한 보상이 되는 방문지임에 틀림없다.

필연처럼 만나 나의 신앙적 멘토가 되어 주시고 지금껏 연을 이어 오는 목사님이 그곳 케이프타운에 계셨다. 그분의 만남은 1992년 처음 미국에 발을 들이고 우연찮게 초등학교 때부터 교회에서 만나 어린 시절을 같이 보낸 친구를 만나면서부터 시작되었다. 그 친구는 자신이 지휘자로 섬기고 있는 밸리에 있는 교회로 나를 초대했다. 그 교회를 개척하여 섬기고 계시던 김 목사님이 그분이다. 그 시절 30대 중반이셨던 멋쟁이 목사님은 수원중앙침례교회에서 어린 시절부터 양육되고, 대학교에서는 알려진 연예인들과 함께 연극영화를 전공한 후 미국에 가서 대학원에서 저널리즘까지 수학하신 후 목회자의 길을 들어서신 특이한 이력이 있는 분이셨다. 교회에 발을 들인 지 얼마 되지 않아 목사님의 요청에 따라 교회의 행정관련 업무를 도와드리던 것이 인연이 되었고, 개척 약 7년 후 안정된 교회를 부목사님께 인계하시고 하나님께서 주신 소명에 따라 남아프리카 공화국 선교사로 자원하여 나가셨다.

미국에서의 어설픈 유학을 마칠 시기에 헤어진 이후로 6년여 가량이 지났을까. 결혼한 지 얼마 지나지 않아 김 목사님께서 선교사 대회 참석 차 한국에 들어오셨다는 소식을 접했다. 하루만이라도 함께 시간을 갖고자 목사님을 집으로 모셔 교제를 나누었다. 그때가 아내와 함께 이민을 계획하고 준비하던 때였는데, 하룻밤을 묵고 아침에 떠나시던 목사님은 "Why not South Africa?"라는 의미심장한 한마디를 우리에게 던지고 떠나셨다. 인생의 중반, 삶의 터전을 옮기는 긴장과 기대가 가득한 때에 이 한마디는 우리의 결정을 보류하고 어쩌면 하나님의 뜻이 있을 그곳으로 비전여행을 떠나게 했다.

2002년 1월, 홍콩을 거쳐 머나먼 아프리카 땅 가장 남단에 위치한 남아공의 케이프타운으로 향했다. 김 목사님은 반갑게 맞아 주시며 곳곳을 안내해 주셨다. '아프리카를 사랑하는 사람들'(Partners for Africa)이라는 선교사 사역 공동체와 새롭게 설립 중인 신학교 환경을 소개하셨다. 이야기가 이어지는 가운데, 신학교 내에서 컴퓨터 교육을 담당하며 학교 내의 컴퓨터 관련 시스템을 전담해 줄 적임자라 보신다며 내게 남아공으로의 이민을 추천하셨다. 현지의 사정이 익숙치 않았음은 물론 가족을 데리고 와서 충분히 잘 적응하며 경제적으로도 안정을 취하고 잘 감당할 수 있는 일인가를 고민하는 나에게, 생계를 위한 재정은 목사님께서 동원하여 지원해 주시겠다는 말씀에 결국 긍정적으로 답변을 드렸다. 그런 후 남은 방문 동안 비교적 순조로이 상세한 이야기를 이어 나갔다. 마지막 며칠은 케이프타운 동편의 가든 루트(Garden Route)라는 유명 관광 코스의 멋진 경관과 함께 기대보다 세련되고도 감동적인 아프리카 여행을 만끽하기도 했다.

열흘의 일정을 마치기 하루 전날이었다. 목사님은 중요한 지인 한 분이 한국에서 오셔서 잠시 만나 뵈야 한다고 하시며 시내 중심부에 있는 호텔에 주차한 후 내게 차 안에서 기다리도록 하고 호텔로 들어가셨다. 약 40분쯤 지났을까? 목사님은 차로 돌아오셔서 지난 9일간 나누었던 이야기를 원점으로 되돌리는 말씀을 하셨다. "토성 형제, 지금은 때가 아닌 것 같네." 목사님을 만나기 위해 멀리서 날아 오신 분은 다름 아닌 극동방송국의 사장님이셨다. 미국에서 개척하고 다시 남아공에 선교사로 나와 사역 중인 김 목사님에게 극동방송의 내부 살림을 맡아 주기를 청하고 오랜 시간 기다려 왔지만 더 이상은 기다릴 수 없어 찾아오셨다고 했다. 오히려 목사님께서 급히 한국으로 귀환해야 할 상황이 생긴 것이었고 그것은 찬물을 끼얹듯 내게 당혹스럽게 다가왔다. 다음 날 귀국하는 비행기 안에서 생각해 봐도 이게 뭐였나 싶었다. 그렇게 들인 비용과 시간, 그리고 함께 나누었던 약속 같은 이야기가 일장춘몽처럼 한순간에 물거품이 되어 사그라들어 버린 것이다. 그런 후 미국으로 인도하시는 하나님의 응답을 받고 담대히 미국 이민을 추진하게 된 것이다.

미국에 자리를 잡기 시작한 지 얼마 되지 않아 교회의 강단에 초청된 아마존에서 오신 선교사님의 오지 선교 보고가 있었고 큰 감동과 은혜 속에 말씀을 맺으셨다. 그런 직후, 담임이셨던 고(故) 손인식 목사님의 "미래의 선교사로 자원하실 분이 계시다면 지금 일어나십시오!"라는 말씀에 나도 모르게 일어났다. 옆에 앉아있던 아내도 조금 머뭇거리는 듯하더니 덩달아 함께 일어났다. 내 능력과 상황에 어떻게 선교사가 되며 어떻게 선교지로 가겠나 싶었지만, 혹시라도 하나님께서 만에 하나라도 나를 쓰시고자 하실 때 순종하겠다는 마음이었다. 수영을 배울 때 내 힘이 들어가면 물에 뜨는 것조차 더 어려워지는 것처럼, 힘을 빼고 수면 위에 나를 띄워 놓는 마음으로 하나님의 이끄심을 기대하며 결단했던 것이다.

아득한 세월이 흐르고, 이전의 서원을 의식적으로 잊고 지내던 2014년, 전혀 예정에도 없던 비전여행으로 몇몇 교회 선교위원들과 함께 다시 남아공을 방문하게 되었다. 극동방송을 조기 은퇴하신 후 다시 돌아와 사역중이셨던 김목사님은 몇 분의 동역 선교사님들과 함께 우리 팀을 지극 정성으로 섬겨 주셨고, 그 가운데 케이프타운 이곳저곳을 안내를 담당하셨던 이 선교사님이라는 분을 만나게 되었다. 긴 시간을 운전하시던 이 선교사님 옆자리를 사진 촬영을 이유로 차지했는데, 함께 동행했던 4명의 팀원들이 모두 차량 뒤에서 곤히 잠들어 있는 동안 운전을 담당하시는 선교사님이 졸리지 않게 할 책임감에 질문을 이어가며 많은 이야기를 나누게 되었다. 그분은 사역자로서의 삶에 대해 나누어 주셨다. 사명과 소명에 대한 순종 그리고 평신도 선교사의 역할과 필요성을 강조하시는 것에 멈추지 않고 평신도 사역자의 삶이 얼마나 행복한지를 우러나는 감격 속에 자랑하셨다. 남아공 첫 방문 이후 12년이 지난 이때, 그동안 선교지로 나갈 수 없었던 모든 이유이자 핑계를 거두게 된 소중한 만남이었던 것이다.

그렇다. 오래전의 남아공 방문은 아무런 의미 없는 방문이 아니었다. 하나님께서는 미리 내게 그곳을 보여주기 위해 보내셨으며, 이후에 적절한 위치와 역할을 부여받고 어느 정도 준비가 된 상태에서 갈

케이프타운 타운쉽의 양철집들

수 있도록 세밀하게 준비시켜주신 것이다. 이것이 나와 우리 가족을
감당할 수 없는 귀한 선교사의 이름으로 남아공으로 향하게 한 오래
도록 묵혀 둔 이야기이다.

선교지로서의 남아공은 여러 형태의 단면을 가지고 있다. 예수를
모르는 다양한 지역 부족들을 대상으로 하는 선교는 물론 엄청난 규
모의 도시 빈민촌 내에서 복음 전파와 교회 개척, 구제 등의 사역이
활발하다. 주변 아프리카보다 경제상황이 조금 낫기에 오히려 주변
빈민국들에서 생계형 이민자들이 몰려들어 도시마다 있는 빈민촌이

급속도로 확대되어 가는 부작용을 낳고 있다. 4백만 명 정도 되는 케이프타운 인구 가운데 50% 가까운 사람들이 빈민이며, 양철로 만들어진 두어 평짜리 집이 수십만 채 들어서 있는 타운십(Township)이라는 주거 지역에 살고 있다. 현지인들 가운데는 갱스터처럼 거칠고 거짓말을 일삼으며 신뢰가 없는 이들도 많지만, 주변 국가에서 배가 고파 넘어온 이들은 이에 비해 훨씬 성실하고 순박하기도 하다. 남아공에는 세계에서 유래를 쉽게 찾기 어려운 제노포비아(Xenophobia, 인종혐오)로 인한 심각한 폭동으로 폭력과 약탈 그리고 사상자가 속출하는 사건들이 여러 해 동안 지속되어 왔다. 그래서 남아공을 천국과 지옥이 공존하는 나라라고 하기도 한다.

시골 부족들을 전도하는 사역은 물론 이민자들을 위한 도시 내 빈민 선교도 절대 간과해서는 안 될 일이다. 더구나 북아프리카에서부터 밀려드는 이교도들의 공격적 포교를 막아내기 위해서라도 남아공 전초 기지를 지켜내고 이를 바탕으로 복음의 북진을 함께 도모해야 한다며 선교사 모두가 입을 모은다.

사실 남아공에서의 생활은 수월하지 않았다. 도착한 지 얼마 되지 않아 꽤나 번듯하게 지어진 집에 월세로 들어갔다. 그러나 보기와는 다르게 여기저기 보수가 필요해 집주인에게 여러 차례 요청을 해야 했고, 이전 세입자가 남겨둔 엄청난 벼룩으로 인해 다리에만 수백 군데를 물리며 거의 한 달간 벼룩과의 전쟁을 치러야 했다. 바닥에서 이리저리 튀어 오르는 수많은 벼룩들을 아이들과 함께 잡아 쓰레기통에 넣고 배터리로 작동하는 전기모기채로 덮은 후 불을 끄면, 어릴적 가지고 놀던 불꽃놀이처럼 반짝이며 타닥타닥 소리를 내었다.

파송교회의 첫 단기선교팀 방문이 있던 때, 사역지인 빈민촌 내의 교회에서 시작 예배를 드리던 중에 권총과 칼로 무장한 강도들이 들이닥쳤다. 천장을 향해 총을 쏘며 우리에게 귀중품을 요구했고, 나의 재산 목록 1위였던 카메라와 두어 분의 휴대폰을 강탈한 후 달아났다. 우리는 모두 차가운 교회 바닥에 엎드려 움직일 수도 없었지만 잠시 후 아무도 다치지 않은 것을 감사하며 모두들 용기를 내어 예정대로 그 강도의 이웃일 지역 거주자들을 한마음으로 섬겼다. 사실 현장에 익숙한 선교사들이 위험을 피하기 위해 귀중품은 모두 센터 한곳에 보관하고 사역지로 떠났었기에 그나마 다행인 상황으로 끝맺었었다. 그러한 일이 있은 후에 남아공 단기선교팀은 참가자 모집이 어렵겠다 싶었는데, 오히려 모집 공고가 나면 그 즉시 최대 인원을 넘겨 대기자 리스트까지 만들곤 했다.

아프리카 속의 유럽, 그리고 유럽인들이 선택한 최고의 은퇴정착지 케이프타운, 그곳에 삶의 뿌리를 내리고 있는 한인들도 적지 않다. 때 묻지 않은 순수함을 간직한 사람들도 많다. 모두 각자의 사연들을 가지고 먼 곳 남아공까지 왔지만 그들 안에는 미국이나 한국에서 발견하기 어려운 따스함이 있는 것 같다. 그들과 함께 이야기를 나누고, 차와 식사의 교제를 나누며, 때로는 체리를 수확하러, 때로는 왕소라나 크레이 피시(Crayfish), 문어를 잡으러 함께 다녔던 추억은 남아공만의 매력이 아닐까 싶다.

그런 남아공에서 잠시나마 사역을 경험한 것이 내게는 분명 축복이다. 다시 돌아갈 수 있는 가능성이 얼마나 있을지 모르지만 아직도 가슴속에 애틋함이 남아있는 남아공을, 그곳에서 함께했던 이들을 끝까지 사랑할 것이다. 🖋

다른 세상을 살기 원하면

하나님을 제대로 믿는 사람들의 삶의 모습은 사뭇 다르다. 무엇보다 남을 위한 이타적인 삶에 그 가치를 둔다. 우리의 예상에 걸맞은 모습이 아닐 수도, 기대감을 충족시키지 못할 수는 있어도 오히려 크나큰 영향력이 있고 어떤 상황에서도 감동을 전하고 빛을 발한다. 예수님이 그랬다.

자신의 이익을 최우선으로 하는 대다수의 사람들과는 달리 타인을 존중하고 귀하게 여기며 타인을 위해 자신의 섬김과 배려와 희생을 감수하는 모습들은 종종 모두에게 기억될 만한 아름다운 흔적을 남긴다. 길거리 노점상에서 사과를 살 때 같은 가격임에도 유독 못나고 흠이 있는 것들을 골라 산다는 분, 또 시장에서 콩나물을 사면서 값을

다 치르고도 한 움큼을 덜어내고 가져온다는 분, 돈을 내고 마땅히 서비스를 받아야 함에도 앉아있던 자리를 떠날 때 본래의 상태보다 더 깨끗하게 치우는 분, 운전을 해도 양보가 몸에 배어 있고 여력이 없어 외식을 자주 못하더라도 팁은 넉넉히 주는 분도 있었다. 한 조직 내에서 좋은 일, 빛나는 일은 양보하고, 불편하고 지저분한 일들을 도맡아 하는 이들도 보았다. 누구 못지않게 부유하면서도 물건 그 자체의 목적과 의미에 가치를 두고 사치와 최상품들을 멀리하는 분들까지 모두 존경받아 마땅하다. 내가 욕심내는 만큼 세상은 지저분해지고 다른 이들에겐 불편함과 어려움이 더해진다. 이기심이 팽배한 세상을 같은 모습으로 살아가면 무질서와 악을 방치하는 것과 다르지 않다.

도움이 필요한 이들을 살피는 것도 우리의 역할이다. 그들이 요청하기 전에 항상 주위를 살피며, 도움이 필요한 이들이 요구하기 전에 먼저 도와야 한다. 가난으로, 병으로, 관계의 아픔으로, 정치적인 탄압으로, 전쟁으로 사람들은 누구나 다양한 어려움을 겪는다. 그런 이들을 먼저 찾아가 내게 주어진 몫으로 나누고 베푸는 것은 너무도 당연하다. 그렇게 하면 필요한 때에 나도 예상치 못한 누군가의 도움을 받게 된다. 또한 내게 남는 것으로 돕는 것이나 내가 상대로부터 얻을 보상을 기대하고 돕는 것은 엄밀히 말해 돕는 것이 아니라 일종의 거래일 뿐이다. 나의 수고와 양보, 희생이 있어야 진정한 도움이 되고 그 보상이 하늘에 상급으로 쌓인다. 우리의 도움은 그 도움을 받는 이들에게 소망을 심는 일이다. 그리고 삶을 살리는 일이다. 그렇기에 어떤 것보다도 가치 있는 일이고, 하나님께서 기뻐하시는 일이다. 복음을 전하는 일도 그의 연장선상에 있다.

"선으로 악을 이기라"(롬 12:21)는 성경 말씀을 기억해야 한다. 우리가 지켜야 할 많은 법들은 물론이고 예수님께서 말씀하신 "사랑하라"는 계명에 확고한 우선순위를 두어야 한다. 참된 사랑이 우리 안에 싹을 틔우기 시작하면 선으로 악을 이기라는 쉽사리 이해가지 않는 이야기가 조금씩 가능해진다. 그것이 세상을 따뜻하게 하고 바로잡게 하며 더불어 우리의 마음도 오히려 평안을 되찾게 한다. 결국 태초에 허락하셨던 에덴과 같은 아름다운 상태, 즉 천국의 모습으로 회복되

테이블 마운틴 정상의 석양

게 할 것이다.

세상의 그리스도인들이 보여주는 또 하나의 단면은 진실되고 순수하며, 신뢰를 지닌 모습이다. 작은 약속이라도 책임을 다하고 지키며, 성실하게 임하는 사람이라야 하나님의 도우심을 기대할 수 있을 것이다. 그리고 그러한 삶 내부에 있는 샘의 근원은 우리를 사랑하셔서 하나밖에 없는 아들의 죽음을 결단하신 하나님과 낮아진 모습으로 이 땅에 내려오시고 치욕의 자리에서 고통을 당하시며 우리의 죄를 감당하셨던 예수님을 사랑함에 있다.

하나님께서 세상을 창조하실 때 고려하셨던 각각의 형태와 어우러짐에는 최적의 질서가 있었고 최상의 아름다움이 있었다. 아름다움, 즉 원래의 목적과 가치를 가진 것들이 질서 속에 어우러진 모습이 아름다움이라고 생각한다. 그것을 회복하는 것이 신앙인의 삶의 자세일 것이다. 🖋

33.
내게 주어진 고난의 참 의미

암을 갖고 나니 암에 대해 좀 더 궁금해졌다. 인터넷을 뒤적이다 보니 지금은 현대인의 25% 이상이 암에 걸리는 시대라고 한다. 우리 주위에서 4명 가운데 1명이 경험할 만큼 암은 우리에게 흔한 병이 된 것이다. 이제는 "왜 하필이면 내게…"라는 말은 현실적으로 더 이상 적절치 않은 표현일 수 있다. 병을 앓게 되는 것이 처음엔 안타깝고 불운처럼 여겨지는 것이 당연하지만, 나는 생각을 곱씹어 볼수록 다행이고 감사하다는 생각으로 바뀌어가는 것을 느꼈다.

마침 우리 가족은 아내와 나, 그리고 두 딸아이들까지 4명이다. 통계처럼, 그 가운데 누군가 하나가 암이라는 중병을 겪는 것이 당연하다면 그중 가장 적합한 자는 아빠인 나이다. 만일 아이들 중 하나가 그러한 병을 앓게 된다면 찢어지는 마음으로 인해 옆에서 보는 것만으로도 열 배는 더 아팠을 것이다. 만일 아내가 그러한 병을 앓게 되면 남편인 나는 아내의 간병을 잘 해낼 수도 없고, 아이들을 아내처럼 보살피지도 못하였을 것이 뻔하다. 더욱이 사역을 감당하는 데 마음을 쓸 수조차 없어 일은 일대로 가정은 가정대로 무너지기 쉬웠을 것이다. 결과적으로 내가 암을 갖게된 것은 하나님께서 이러한 상황을 아시고 허락하신 당연하고도 감사한 선물이었다. 쉽지는 않았지만 말이다.

누군가는 고난이 가려진 축복이라고 말한다. 지금 고난을 당하며 겪고 있는 이들에게는 쉽게 받아들이기 어려운 이야기라는 걸 알지만, 고난은 분명 축복이다. 그것을 이겨 낸다면 말이다. 고난은 우리를 힘들게 하지만, 그 고난이 가져다주는 감사함이 있다. 내게 주어졌던 고난의 깊이는 나를 그만큼 하나님과 가까이하게 만들었고, 그것은 복된 삶으로의 여정 그 시작이었다.

내게 암이라는 이름으로 찾아온 고난은, 헤어나올 수도 없고 할 수 있는 것도 없는 그런 순간 속에서 나의 철저한 무능함을 깨닫게 했다. 그리고 오히려 이전의 삶과는 비교할 수 없는 많은 감사거리를 발견하게 했다. 나의 과거를 돌아보며 실수와 잘못에 대해 용서를 구하는 기도를 가능하게 했다. 상상하기도 어려운 고통이 무엇인지 알게 했으며, 유사한 어려움에 놓인 이들의 아픔을 조금 더 이해하게 했다. 건강한 이들이 나와 같은 고통을 경험하지 않기를 간절히 바라며 그들을 조금 더 돌보는 마음을 주었다. 그뿐만이 아니다. 암과 함께 온 고난은 나의 삶의 기준과 무게 중심은 물론 생각과 행동에까지 변화를 끼쳤다. 조금은 더 기다릴 줄 알게 만들었다. 자질구레하고 쓸데없는 소소한 일에 대해 조급해 하지 않고 보다 여유로운 마음을 갖게 했으며, 날카롭고 까탈스러웠던 전과는 다른 모습으로 변화시켰다. 더 깊은 고민 속에서 새로운 방향 또는 올바른 방향에 대한 갈구를 갖게 했다. 거한 욕심과 기대를 내려놓게 했으며, 하루하루에 보다 충실하게 만들었다. 조급함도 무뎌지게 했고, 내가 세운 규칙이 맞다고 우겨 대는 것도 줄어들게 했다. 그 모든 것들이 나를 행복하게 했고, 내 주변을 조금 더 평화롭게 했다.

무엇보다 고난이 내게 의미가 큰 이유는, 내가 아무것도 할 수 없는 고난의 시간에 온전히 하나님을 만나게 되었기 때문이다. 그 전능하신 분이 엄청난 사랑으로 다가와 나의 하나님 되심을 깨닫게 해 주신 것이다. 그분은 고통의 모든 순간에 내 마음을 지켜 주시며, 견뎌내고 좌절없이 이겨 낼 수 있게 해 주심을 경험케 해 주신 분이다. 알량한 나의 지식, 지혜, 능력, 배경들을 의지하지 않고, 오직 하나님께 의지함이 그 모든 것을 몇 배 몇 백 배 능가하는 큰 힘이 되는 것을 발견한 것은 삶에서 가장 중요한 깨달음이었다.

끝이 보이지 않는 깜깜한 터널을 들어서야 할 때, 그때가 바로 진정으로 작은 빛이 소중한 때이고, 그제야 우리를 항상 비춰주던 햇빛이 얼마나 소중한지를 깨닫는다. 절벽을 맞닥뜨리는 순간이 우리가 하나님 안에서 날개를 발견하는 때가 아닌가. 고난과 관계없는 평탄한 길을 가는 이들에겐 날아오를 기회가 없을지도 모른다. 우리가 상상하지 못하는 차원에서 모든 것을 주관하시는 하나님을 깨닫고, 그분이 원하시는 모습으로 나를 바꾸어 가는 것이 가장 완벽하고 성공적인 삶이 된다. 그것은 고난이 만들어 주는 것이다. 그래서 난 고난을 원하거나 사랑한다고는 쉽게 말할 수 없지만, 내게 고난은 절대적으로 필요한 요소였고, 고마운 약이자 감사의 제목이었음을 고백할 수 있다.

어느 분의 이야기 중에 우리의 삶이 일주일이라면 4일은 고난이고, 2일은 그저 그렇고, 하루가 행복하다고 한다. 하지만 미안하게도 난 6일 행복하고 나머지 하루 중에도 20시간만 그저 그렇고, 또다시 남은 아주 일부의 시간만이 고난이라 말할 수 있다. 그만큼 행복하다. 고난이라 이름 붙이는 것에 대해 강도를 높이는 것도 좋은 방법이다. 작은 어려움부터 고난이라 여기면 그만큼 더 많이 힘든 시간을 갖게 된다. 큰 사고를 당하거나, 바닥을 모르게 떨어지듯 망하거나, 엄청나게 위중한 병을 겪어 본 쉽지 않은 경험은 그 이후에 겪게 되는 작은 어려움에 고난이라는 타이틀을 쉽게 붙이지 않게 된다.

그때부터 오히려 작은 행복에 더욱 감사하게도 된다. 아침에 눈을 뜨는 것도, 강아지와 산책을 나가 녹음(綠陰)이 울창한 곳에서 느끼는 싱그러움도, 때로는 차가운 공기가 볼을 스치는 것도, 시기마다 자태를 뽐내는 형형색색의 꽃들을 맞이하는 것도, 아내가 차려주는 음식으로 가족과 함께 나누는 것도, 앉을 의자와 글을 쓰는 책상이 있는 것도, 청소할 공간이 있는 것도, 누울 침대가 있는 것도, 새벽 기도의 자리에서 느끼는 어깨에 감기는 훈훈함도, 예배드릴 아름다운 성전과 마음을 울리는 찬양을 함께하는 것도, 귀한 말씀으로 매일매일 새로워지며 다양한 훈련의 기회가 있는 것도, 대화할 수 있는 가까운 친구와 지인이 있는 것도, 어려운 백혈병과 부작용의 고난을 지나게 하신 것도, 그리고 하나님을 기억할 수 있도록 가시로 남겨 주신 말초신경병증도 모두 감사의 제목이고 행복의 요인이 된다.

행복은 고난의 깊이만큼 느낀다.

기적 누리기

　죽음에 가까이 가니, 사람이 살아 있다는 것이 얼마나 신비한 일인지 깨달았다. 어머니의 자궁에 자리를 잡고 생명이라는 것이 커 가기 시작하며, 태어나 사람의 형상을 갖고 자라나는 그 일련의 과정들 속에는 수천수만 가지의 오묘한 신비들이 복합적으로 나타난다. 내가 태어난 것도, 살아가는 것도, 숨을 쉬는 것도 모두 기막힌 구조와 각 기관의 역할 속에 이루어지는 것이다. 그중에 단 하나라도 고장이 나면 불편은 물론 생명을 보장받기 어려운 상태가 될 수도 있다.

　내가 숨쉬는 것부터 기적이고, 내가 눈을 뜨고 볼 수 있는 것도, 무언가를 먹고 그것이 양분이 되어 살아갈 수 있는 것도, 가족을 이룬다는 것도, 사람을 만나 인연을 맺는 것도, 그 안에서 기쁨과 슬픔과 평안과 행복을 느끼는 모든 것도 하나하나 다 기적이다. 바로 기적 덩어리가 우리 몸이고 우리 삶이다.

그 기적이 일어나는 환경 또한 기적이다. 거대한 우주는 우리가 상상할 수 없는 수준의 규모이고 그 안에 밝혀진 별의 개수가 지구상에 있는 모래알의 개수보다 적어도 4배가 많다고 한다. 지구는 우리가 밝혀낸 별들 가운데 가장 아름답고 신비하며 인간이 살 수 있는 유일한 환경을 가지고 있다. 그 지구는 무섭도록 빠른 속도로 자전과 공전을 이어 가고 있는데, 인간이 무탈하다는 것 역시 기적이다.

우리가 밝혀낸 것은 존재하는 것이 다가 아니다. 시간이 갈수록, 과학이 발전할수록 더 많은 것들, 더 놀라운 것들이 밝혀지고 발견되겠지만 그것들은 어디까지나 존재하는 것들을 발견할 뿐, 이제껏 없던 새로운 것을 창조해 내는 일은 불가능한 것이 과학의 한계이다. 갓 태어난 아이가 눈을 뜨고 보는 세상이 다 일 거라 믿으며 정의를 내리는 것만큼, 우리의 제한된 지혜와 지식으로 모든 것을 파악하고 판단하고 정의를 내리는 것은 아마도 미숙하고 우둔한 생각일 것이다. 일어나는 대부분의 일들은 기적같이 일어난다. 그렇지 않은 것들이 오히려 세상을 이루는 일부에 지나지 않은 상식이고 시스템일 수 있다.

그동안 우연이라 믿은 것들이 하나님의 존재를 믿는 그 순간부터 기적임을 깨닫게 된다. 어느 것 하나 허투루 되는 것은 없다. 하나님 께서 지으신 세상의 고차원적 시스템 안에서 이 모든 것이 이루어지 지만 단지 우리의 사고와 기억의 한계로 인해 원인과 과정을 이해하 지 못하는 것에 지나지 않는다. 그것을 우리는 기적이라고 부른다.

아인슈타인(Einstein)이 한 말이 있다. "기적이 전혀 없는 것처럼 사 는 것과 모든 것이 기적인 것처럼 사는 것, 인생에는 두 길이 있을 뿐 이다." 나는 그것을 하나님께서 존재하심을 믿는 자와 믿지 않는 자 가 있음을 다른 말로 설명했다고 생각한다.

그러니 그 모든 기적 속에 우리를 두시고 깨달을수록 감동을 주시 는 창조주를 기억하여야 한다. 하나님 한 분 외에는 없음을 믿고 고백 하고 선언하며, 예수 그리스도께서 이루신 구원을 나의 구원으로 믿 어야 한다. 그때부터 감사가 시작된다. 그것은 다시 선순환을 일으켜 삶의 활력을 가져오고 의미를 되새기며 목적과 가치를 회복시킨다. 결국 하나님께서 세우신 질서를 바로잡고, 창조의 순간 "아름답다"라 고 감탄하신 바로 그 순간으로 회복되어지는 그날이 오길, 내가 그곳 으로 가기를, 또한 당신도 함께 갈 수 있기를 바랄 뿐이다. 그 시간,

그 공간이 우리가 맞이할 천국이다.

성경에서 이야기한, 베드로가 물 위를 걸은 것은 정말 멋진 경험일 것이다. 믿음의 부족으로 곧 물 속에 빠지긴 했어도, 어쩌면 그 짧은 순간의 경험이 마지막 순교하는 시점까지 그를 복음의 전령자로 남게 했을지도 모른다. 예수님을 믿으면 물 위를 걷는 것이 가능해진다. 나 역시 물 속에 빈번히 빠지는 약함을 여전히 드러내지만, 지난 과거 속에 경험한 예수님을 의지하며 기대와 흥분속에 오늘도 물 위를 걷고 있다.

하나님을 믿는 그 순간부터 일상은 기적이 된다.

마태복음 14:28-29
베드로가 대답하여 이르되 주여 만일 주님이시거든 나를 명하사 물 위로 오라 하소서 하니 오라 하시니 베드로가 배에서 내려 물 위로 걸어서 예수께로 가되 🖋